Türklerin İlkleri

MEHMET BİCİK

Tutku Yayınevi

Türklerin İlkleri

TUTKU YAYINEVİ ©

Editör	: Füsun Dikmen
Kapak Tasarımı	: Faruk Erşahin
Baskı	: Ayrıntı Matbaası
Yay. Sertifika No	: 15304
ISBN	: 978-605-4308-75-0

1. Basım: Haziran 2012
3. Basım: Eylül 2014

TUTKU YAYINEVİ

Birlik Mah. Vadi İkizleri Sit. 445-446 Sok.
No: A1/19 Çankaya - Ankara
Tel: (312) 442 73 95 - Faks: (312) 442 73 97

DAĞITIM

Dost Dağıtım : (312) 430 48 95
Alfa Dağıtım : (212) 511 53 03

TEMSİLCİLİKLERİMİZ

İzmir	: Pan Kitabevi, Aykut Yenersu, Tel: (232) 369 11 99
Bursa	: Bursa Kültür Merkezi, Tel: (224) 225 52 52
Adana	: Kitapsan, Tel: (322) 239 06 22
Trabzon	: Yolcu Kitabevi, Tel: (462) 326 83 13
Diyarbakır	: Eğitim Kitabevi, Murat Aburşu, Tel: (412) 229 13 17
Elazığ	: Batı Kitabevi, Hanifi Batı, Tel: (424) 237 69 71

© 2012 Tutku Yayınevi
Eserin tüm yayın hakları Tutku Yayınevi'ne aittir.
Yazılı izin olmadan kısmen veya tamamen hiçbir yolla kopya edilemez,
çoğaltılamaz ve dağıtılamaz.

www.tutkuyayinevi.com

Türklerin İlkleri

Mehmet Bicik

Tutku Yayınevi

Mehmet BİCİK
Araştırmacı-Yazar, Şâir

25 Mart 1975'te Balıkesir'in Bigadiç ilçesinin Kırca Köyü'nde dünyaya geldi. İlkokulu köyünde, ortaokulu Şamlı ve Ilıca'da, liseyi de Balıkesir'de okudu.

Balıkesir Muharrem Hasbi Lisesi'ni bitirdikten sonra S.Ü. Eğitim Fakültesi Sınıf Öğretmenliği Bölümüne girdi(1991). 1992'de Gaziantep Üniversitesi Fen-Edebiyat Fakültesi Tarih Bölümünü kazandı ve kaydını bu okula aldırdı. 1994 -1995 öğretim yılında yatay geçiş yaptığı İstanbul Üniversitesi Edebiyat Fakültesi Tarih Bölümünden 1996'da mezun oldu...

İlk görev yeri olan Giresun Şebinkarahisar Lisesi'nde 1996-2000 yılları arasında Tarih öğretmeni olarak çalıştı. 2000-2001 eğitim-öğretim yılında Balıkesir Sındırgı Büyükdağdere İlköğretim Okulu'nda görev yaptı. 2001 Kasımında Balıkesir Burhaniye Lisesi'ne tayin oldu. Burhaniye Lisesi'nde, Burhaniye Öğretmenevi ve Akşam Sanat Okulu'nda ve Burhaniye Hacı Mehmet Fevzi Köylü Anadolu İmam Hatip Lisesi'nde Müdür yardımcısı olarak görev yaptı. 26 Eylül 2012 tarihinde Burhaniye Atatürk Anadolu Sağlık Meslek Lisesi'nde Okul Müdürü olarak göreve başlayan Bicik, hâlen görevini sürdürüyor.

Tarih ve folklor üzerine araştırmalar yapan, değişik temalarda şiirler yazan Bicik'in, Türk Dünyası Tarih Dergisi, Türk Dünyası Araştırmaları, Türk Edebiyatı, Yesevî, Yeni Defne,

Genç Akademi ve Genç Gelişim dergilerinde yazıları ve şiirleri yayınlandı.

Bicik, mahallî Gaziantep Hedef Gazetesi'nde köşe yazıları yazdı.

ESERLERİ

Derleme: Bigadiç Güzellemesi (1996)

Şiir: Bir Sevdâ Uğruna (2003)

Araştırma: Meşhurların Vasiyetleri (Akis Kitap - 2006),

Bilinmeyen Yönleriyle II. Abdülhamid (Akis Kitap - 2008),

101 Soruda Bilinmeyen Yönleriyle Vahdeddin Hain mi Kahraman mı? (Akis Kitap - 2009)

Vahdettin Hain mi Kahraman mı

(Tutku Yayınevi - Ankara 2010)

Dünya'da İlkler (Tutku Yayınevi – Ankara 2012)

İçindekiler

Önsöz... 18
İlk Adalet Bakanı............................... 20
İlk Adli Tıp.. 21
İlk Akdeniz Oyunları.......................... 22
İlk Alfabe.. 23
İlk Alışveriş Merkezi.......................... 24
İlk Ameliyathane............................... 25
İlk Ampül Fabrikası........................... 26
İlk Anayasa....................................... 27
İlk Anayasa Mahkemesi.................... 28
İlk Anestezi....................................... 29
İlk Anonim Şirket............................... 30
İlk Araba Vapuru............................... 31
İlk Arşiv... 32
İlk Asansör.. 33
İlk Askeri Şura.................................. 34
İlk At Yarışları................................... 35
İlk At Üretme Çiftliği (Hara)................ 36
İlk Atasözleri Kitabı........................... 37
İlk Atatürk Anıtı................................. 38
İlk Atıcılık Sporu................................ 39

İlk Atlas...........40
İlk Atletizm Çalışmaları...........41
Avukatlık Yapan İlk Türk...........42
İlk Kadın Avukat...........43
İlk Ayakkabı Yapımevi...........44
İlk Ayrıcalık...........45
İlk Bahar Bayramı...........46
İlk Banka...........47
İlk Baraj (Su Bendi)...........48
İlk Baro...........49
İlk Baruthane...........51
İlk Basketbol Maçı...........52
İlk Baston...........53
İlk Başbakan...........54
İlk Ay Yıldızlı Albayrak...........55
İlk Belediye...........56
İlk Bilardo...........57
İlk Bilgisayar...........58
İlk Bira Fabrikası...........59
İlk Bisiklet Sporu...........60
İlk Bisküvi...........61
İlk Biyografi...........62
İlk Boğaz Köprüsü Projesi...........63
İlk Boks Kulübü...........65
İlk İç Borçlanma...........66

İlk Dış Borçlanma............................. 67
İlk Borsa.. 69
İlk Böbrek Nakli.................................70
İlk Buzdolabı.................................... 71
İlk Bütçe.. 72
İlk Cam Fabrikası............................. 73
İlk Camii... 74
İlk Casusluk Örgütü.......................... 75
İlk Ceza Yasaları...............................76
İlk Cuma Namazı 77
İlk Cuma Tatili.................................. 78
İlk Cumhurbaşkanı............................ 79
İlk Çamaşır Makinesi........................ 80
İlk Çay Üretimi..................................79
İlk Çek... 80
İlk Çikolata...................................... 81
İlk Çimento Üretimi...........................82
İlk Dağcı..85
İlk Danıştay...................................... 87
İlk Kadın Danıştay Başkanı................ 88
İlk Demiryolu.................................... 89
İlk Deniz Fenerleri........................... 90
İlk Denizaltı..................................... 91
İlk Denizcilik Okulu.......................... 92
İlk Dergi..93

İlk Anket Düzenleyen Dergi................ 94
İlk Haber Dergisi............................ 95
İlk Kadın Dergisi............................ 96
İlk Kanun Dergisi............................ 97
İlk Magazin Dergisi......................... 98
İlk Mizah Dergisi............................ 99
İlk Spor Dergisi............................. 100
İlk Dikiş Makinesi.......................... 101
İlk Doğalgaz................................. 102
Araçlarda İlk Lpg Kullanımı................ 104
İlk Doğum Kliniği........................... 105
İlk Dolmuş................................... 106
Türkiye'nin İlk Dördüzleri.................. 107
İlk Eczacılık Okulu......................... 108
İlk Eczane................................... 109
İlk Elçi...................................... 110
İlk Elektrik Aydınlatması.................. 112
İlk Elektrik Santrali........................ 113
İlk Elektronik Hesap Makinesi............. 114
İlk Jeotermal Elektrik Santrali............ 115
İlk Rüzgâr Enerjisi Santrali................ 116
İlk Eşofman................................. 117
İlk Festival................................. 118
İlk Fıkra Yazarlığı.......................... 119
İlk Film Festivali........................... 120

İlk Yerli Film 121

İlk Renkli Film 122

İlk Fotoğraf Stüdyosu 123

İlk Fuar 124

İlk Futbol 125

İlk Futbol Kulübü 126

İlk Futbol Federasyonu 127

İlk Futbol Ligi 128

İlk Naklen Futbol Maçı 129

İlk Gazete 130

İlk Özel Gazete 131

İlk Resmî Gazete 132

İlk Resimli Gazete 133

İlk Türk Gazetecisi 134

Öldürülen İlk Gazeteciler 135

İlk Gazoz 136

İlk Gecekondu 137

İlk Gemi 138

İlk Buharlı Gemi 140

İlk Golf Kulübü 141

İlk Gökdelen 142

İlk Göz Bankası 143

İlk Grev 144

İlk Basın Grevi 145

İlk Öğretmen Grevi 146

İlk Türkiye Güzellik Yarışması 147
İlk Dünya Güzeli 148
İlk Haber Ajansları 149
İlk Hakem 151
İlk Futbol Hakemi 152
İlk Halife 154
İlk Hastane 155
İlk Çocuk Hastanesi 156
İlk Kadın Hastanesi 157
İlk İlkyardım Hastanesi 158
İlk Modern Hastane 159
İlk Havacılık 160
İlk Hava Yolları Örgütü 162
İlk Hayvanat Bahçesi 163
İlk Heykel 164
İlk Heykeltraşlar 165
İlk Heykel Sergisi 166
İlk Hukuk Öğrenimi 167
İlk İktisat Kongresi 169
İlk İlaç Fabrikası 170
İlk İmar Planı 171
İlk İmza 172
İlk İpek Fabrikası 173
İlk İtfaiye Örgütü 174
İlk Kadastro Çalışmaları 176

İlk Kadın Bakan.............................. 177
İlk Kadın Banka Müdürü...................... 178
İlk Kadın Muhtar............................ 179
İlk Kafeterya............................... 180
İlk İnternet Kafe........................... 181
İlk Kâğıt Fabrikası......................... 182
İlk Kâğıt Para.............................. 183
İlk Kahve................................... 185
İlk Kahvehane............................... 186
İlk Kalp Nakli.............................. 187
İlk Karikatür............................... 188
İlk Kartpostal.............................. 189
İlk Kaşar Peyniri........................... 190
İlk Arkeolojik Kazı......................... 191
İlk Kibrit Fabrikası........................ 192
İlk Kitap Basımı............................ 193
İlk Kız Okulları............................ 194
İlk Kızılay Derneği......................... 196
İlk Koalisyon Kabinesi...................... 197
İlk Konservatuvar........................... 199
İlk Konserve Fabrikası...................... 200
İlk Kooperatifçilik......................... 201
İlk Kot Pantolon............................ 202
Kömürü İlk Bulan Kişi....................... 203
İlk Köylü Kadın Milletvekili................ 204

İlk Kravat ... 205
İlk Kredi Kartları ... 206
İlk Kriminoloji ... 207
İlk Kumar Kulübü ... 208
İlk Kürek Sporu ... 209
İlk Kütüphane ... 211
İlk Maç Ve Spor Spikeri ... 212
İlk Madalya ... 213
İlk Maden Suyu ... 214
İlk Makale ... 215
İlk Maliye Nazırı ... 216
İlk Marş ... 217
İlk Milli Marş ... 218
İlk Mason Locaları ... 220
İlk Matbaa ... 221
İlk Türk Matbaası ... 222
İlk Devlet Basımevi ... 223
İlk Mavzer ... 225
İlk Medeni Kanun ... 226
İlk Metro ... 227
İlk Mevlit Törenleri ... 228
İlk Meyhane ... 229
İlk Mezbaha ... 231
Miladi Yılın İlk Uygulanışı ... 232
İlk Millet Meclisi ... 233

İlk Miskinhâne............................... 234
İlk Muz.. 235
İlk Müsadere................................. 236
İlk Arkeoloji Müzesi..................... 237
İlk Deniz Müzesi........................... 238
İlk Özel Müze................................ 239
İlk Nargile..................................... 240
İlk Nüfus Cüzdanı........................ 241
İlk Nüfus Sayımı........................... 242
İlk Opera Temsili.......................... 243
İlk Opera Yapıtı............................ 244
İlk Osmanlı Sarayı....................... 245
İlk Otel... 246
İlk Otomobil Lastiği..................... 247
İlk Otomobil.................................. 248
İlk Otomobil Yarışı....................... 249
İlk Otopsi...................................... 250
İlk Otomatik Para Çekme Makinesi...... 251
İlk Parasız Yatılı Okul................. 252
İlk Millî Park................................. 253
İlk Siyasi Parti.............................. 254
İlk Muhalefet Partisi.................... 256
İlk Pastörize Süt 257
İlk Petrol Aramaları..................... 258
İlk Porselen Fabrikası................. 259

İlk Posta Pulu.................................260
İlk Postane......................................261
İlk Protez.......................................262
İlk Radyo Spikeri............................263
İlk Radyo Yayını.............................264
İlk Rafineri.....................................265
İlk Rakı Fabrikası...........................266
İlk Rasathane.................................267
İlk Referandum...............................268
İlk Reklamlar..................................270
Radyoda İlk Reklam........................271
Televizyonda İlk Reklam...................272
İlk Reklamcılık Şirketi.......................273
İlk Resim Sergisi.............................274
İlk Rüşvet......................................275
İlk Sanat Okulu (Islahhane)..............276
İlk Satranç Şampiyonası...................277
İlk Savcılık....................................278
İlk Sayıştay...................................279
İlk Seçim......................................280
İlk Sergi.......................................281
İlk Milletlerarası Sergi......................282
İlk Sigortacılık...............................283
İlk Sinema Gösterimi.......................285
İlk Sinema Salonu..........................286

İlk Soğuk Hava Deposu.................287
İlk Spor Kulübü................288
İlk Şarap...........289
İlk Şeker Fabrikası............290
İlk Tanzim Satış..............291
İlk Teleferik Hattı.............292
İlk Telefon............293
İlk Televizyon Yayını..........294
İlk Özel Televizyon Kanalı.................295
İlk Telgraf.........296
İlk Tiyatro........297
İlk Tiyatro Eseri...............398
İlk Toplu Sözleşme...........399
İlk Tramvay.........300
İlk Elektrikli Tren............301
İlk Troleybüs...........302
İlk Tüp Bebek.........303
İlk Traktör.........304
İlk Türkçe Ezan..............305
İlk Türkçe Hutbe............306
İlk Türkçe Sözlük............307
İlk Yapay Uydu.........308
İlk Üniversite.........309
İlk Vakıf.............311
İlk Damga Vergisi............312

İlk Emlâk Vergisi............................313
İlk Katma Değer Vergisi......................314
İlk Sigara Vergisi............................315
İlk Temizlik Vergisi.......................... 316
İlk Viski..317
İlk Yaz Saati Uygulaması....................318
İlk Yerli Malı Haftası..........................319
İlk Yüce Divan................................320
Yüce Divanda Yargılanan İlk Bakan....... 321
Yüce Divanda Yargılanan İlk Başbakan 322
İlk Yürüyen Merdiven........................ 323
İlk Zabıta Teşkilatı............................ 324
Kaynaklar......................................325

ÖNSÖZ

İlk defa Orta Asya'da tarih sahnesine çıkan Türk Milleti, dört bin yılı aşan köklü bir tarihe sahiptir. Milattan önceki çağlardan itibaren değişik zamanlarda Orta Asya'dan çeşitli yönlere göç etmeye başlayan atalarımız, Asya, Avrupa ve Afrika gibi üç büyük kıtada büyük devletler ve beylikler kurmuşlardır.

İlk kültür ve sanat eserlerini Orta Asya'da veren atalarımız, zamanla gittikleri yerlerin kültür ve medeniyetlerinden etkilendiler ve dünya kültür ve medeniyetinde birçok "ilk"e imza attılar.

Selçuklular döneminde Anadolu'ya gelen, 11. yüzyıldan itibaren Anadolu'yu yurt edinmeye başlayan ve burayı "Türkiye" yapan atalarımız, Anadolu'yu bir Türk ve İslam yurdu haline getirmek için Anadolu'da ilk camileri, ilk hastaneleri, ilk kervansarayları inşa etmişler ve böylece Anadolu'ya Türk mührünü vurmuşlardır. Daha sonra Anadolu'ya hâkim olan Osmanlılar da kültür, sanat, edebiyat, yönetim ve hukuk alanlarında bir çok "ilk"e imza atmışlardır. Cumhuriyet döneminde de Türkiye'de birçok "ilk" gerçekleştirilmiştir

"Türkiye'de İlkler" adını verdiğimiz bu çalışmada, daha çok Selçuklular, Osmanlılar ve Türkiye Cumhuriyeti döneminde gerçekleştirilen birçok "ilk"i bir araya getirdik. Edebiyattan sanata, bilimden hukuka, kültürden askeri konulara kadar değişik konularda gerçekleştirilen bu "ilk"lerin, ilkler gerçekleştirmenize vesile olmasını diliyorum...

Mehmet BİCİK

Burhaniye, 29 Mayıs 2012

İLK ADALET BAKANI

Türk tarihinde ilk Adalet Bakanı (Adliye Nazırı) Ahmet Cevdet Paşa'dır. İlk defa 6 Mart 1868 günü bu göreve getirilen Ahmet Cevdet Paşa, 1875-1876, 1876-1877, 1879-1883, 1886-1890 yıllarında da Adalet Bakanı olarak adliye teşkilatının en başı ve sorumlusu olarak hizmet verdi.

Adliye teşkilatı, Cumhuriyetin kurulmasıyla birlikte önce Ankara'ya taşınmış ve sonra adı, Adalet Bakanlığı olarak değişmiştir.

Türkiye Cumhuriyeti'nin ilk Adalet Bakanı ise, Seyit Bey'dir. Seyit Bey, TBMM'nin kurulmasının ardından kurulan 1. Hükümette 30 Ekim 1923 ile 6 Mart 1924 yılları arasında görev yapmıştır. Seyit Bey'in ardından Adalet Bakanlığı görevini üstlenen Mustafa Necati Bey ise, 6 Mart-22 Ekim 1924 tarihleri arasında görev yapmıştır.

İLK ADLİ TIP

Adalet mekanizmasının hızlı ve doğru işlemesi için en eski dönemlerden beri tıp ilminden faydalanılmıştır. Geçmişi eski Mısırlılara kadar dayanan Adli Tıp, zamanla büyük gelişme göstermiştir.

Osmanlılar döneminde de adil kararlar alınması için tıp ilminden yaralanılmıştır. İlk Adli Tıp dersi, 1839 yılında Sultan II. Mahmud tarafından açılan Mekteb-i Tıbbiye-i Şahane'de okutulmuştur. Dr. Agop Handanyan'ın, Fransızca'dan tercüme ederek hazırladığı Tıbb-ı Kanunî ve Kimya-yı Kanunî adlı kitapları, ülkemizde yayınlanan ilk Adlî Tıp kitaplarıdır. Dr. Agop Handanyan, 1867-1899 yıllarında askeri ve sivil tıp okullarında Adlî Tıp Dersi hocalığı yapmıştır.

Türkiye'de ilk adlî tıp kurumu, 1917 yılında İstanbul'da kuruldu. Günümüzde hukuk ve tıp fakültelerinde Adli Tıp, ders olarak okutulmaktadır.

İLK AKDENİZ OYUNLARI

Akdeniz'e kıyısı olan ülkeler arasında toplumsal ve kültürel yakınlaşmayı sağlamak amacıyla olimpiyat kuralları çerçevesinde çeşitli spor dallarında yarışma yapılması fikri, ilk defa 1948'deki Londra Olimpiyatları sırasında Milletlerarası Olimpiyat Komitesi Asbaşkanı ile Mısır Olimpiyat Komitesi Başkanı Muhammed Tahir Paşa'nın; Türkiye, Yunanistan, İtalya, İspanya, Fransa, Yugoslavya, Suriye ve Lübnan Milli Olimpiyat Komitesi temsilcilerine yaptığı teklifle gündeme geldi.

İlk Akdeniz Oyunları, Mısır'ın İskenderiye şehrinde 5-12 Ekim 1951'de yapıldı. Türkiye, 1951'den bu yana yapılan oyunların hepsine katıldı.

Türkiye'de ilk Akdeniz Oyunları, 1971'de İzmir'de yapıldı. Akdeniz Oyunları, her 4 yılda bir, Akdeniz'e kıyısı olan bir ülkede, Akdeniz ülkelerinin amatör sporcuları arasında olimpiyat kurallarına uygun olarak yapılır.

İLK ALFABE

Türklerin kullandıkları ilk alfabe, Göktürk Alfabesidir. İlk defa Orhun Nehri kıyısındaki kitabelerde rastlandığı için "Orhun Alfabesi" de denilen Göktürk Alfabesi, 38 harften meydana gelir. Doğu ve Batı Hun devletleri, Göktürkler ve Uygurlar, Göktürk Alfabesi'ni kullanmışlardır.

Türk tarihinin ve Türk edebiyatının ilk yazılı belgeleri olan ve Göktürk Alfabesi'yle yazılan Orhun Kitabeleri, II. Göktürk Devleti döneminde Bilge Kağan, Kültigin ve Vezir Tonyukuk adına dikilmişlerdir. Türklerin o günkü yaşayışları ve inançları hakkında önemli bilgiler veren bu kitabeler, 1893 yılında Danimarkalı bilgin Thomsen tarafından okunmuştur.

Türkler tarih boyunca Göktürk alfabesi dışında Uygur, Soğd, Brahmi, Süryani ve Arap alfabelerini kullanmışlardır.

Türkiye'de 1 Kasım 1928 tarihinde 1353 sayılı "Yeni Türk harflerinin kabul ve tatbiki hakkında Kanun"un kabul edilmesi ile Latin Alfabesi'nin Türkçeye uyarlanmış bir şekli kullanılmaya başlandı.

İLK ALIŞVERİŞ MERKEZİ

Türkiye'nin ilk alışveriş merkezi Galleria'dır. İstanbul'un Bakırköy ilçesinde, Ataköy semtinde dönemin başbakanı Turgut Özal'ın girişimleriyle 1 Ekim 1988 tarihinde açılan Galleria, Türkiye'yi modern alışveriş kavramı ile tanıştırmıştır. Dünya markalarını ve kaliteyi Türk halkıyla buluşturan Galleria, Türkiye'de alışveriş merkezlerinin ve tüketici alışkanlıklarının gelişmesine öncülük etmiştir.

Çeşitli ürünlerin satışı konusunda genelde bir firma bünyesinde bazen de kooperatif olarak faaliyet gösteren büyük satış mağazalarının ilki, İstanbul'daki Kapalıçarşı'dır.

Dünyanın en büyük alışveriş merkezi ise 1986'dan bu yana faaliyette olan Kanada Edmonton, Albeta'daki West Edmon-on Mall'dır.

İLK AMELİYATHANE

Türkiye'de ilk ameliyathane, 14 Mart 1827'de II. Mahmut'un döneminde, Hekimbaşı Mustafa Behçet'in önerisiyle "Cerrahhane-i Âmire" adıyla İstanbul Şehzadebaşı'nda kuruldu. Bu ameliyathanenin yönetimine getirilen Macar dönmesi Mehmet Necati Efendi tarafından 20'ye yakın cerraha (operatöre) ameliyat yapımıyla ilgili bilgiler verildi. Türkiye'de modern tıp eğitiminin başladığı gün olarak kabul edilen okulun kurulduğu 14 Mart Günü, "Tıp Bayramı" olarak kutlanmaktadır.

1832 yılında Topkapı Sarayı dışına taşınan Cerrahhane'nin başına Fransız cerrahı Sad dö Kaliyer müdür olarak getirildi ve yaşı küçük erlerden cerrah yetiştirmek amacıyla öğrenciler alındı.

Osmanlı Devleti'nde tıp ve cerrahlık öğrenimi, ilk başlarda ayrı okullarda yapılıyordu. Cerrahhane-i Âmire, 1838 yılında Tıp Okulu'yla birleştirildi. Cerrahhane'nin bilinen en eski mezunları, Hekimbaşı ve Cerrah İsmail Paşa, Kâmil Ali, Hüseyin, Şerif, Nuri ve Veli Efendilerdir.

İLK AMPÜL FABRİKASI

Türkiye'nin ilk ampul fabrikası, 1948 yılında Koç-General Electric işbirliği sonucu kurulmuştur. Bu fabrika, ilk yabancı ortaklık yatırımıdır.

1948 yılında kurulan yarı Amerikan sermayeli General Elektrik(GE) fabrikasından sonra 1963 yılında Tekfen Endüstri ve Ticaret Şirketi yerli sermayeli ilk ampul fabrikasını kurdu. Daha sonra Philips fabrikası kurulmuş, zamanla ampul fabrikaları kapanmıştır.

Aydınlatmada kullanılan ve elektrik enerjisini ışık enerjisine çeviren ampulleri üretmek üzere ilk fabrika, 1880 yılında Thomas Edison tarafından açılmıştı.

İLK ANAYASA

Türkiye'de ilk yazılı anayasanın temeli; 1808 yılında Ayanlarla imzalanan Sened-i İttifak, 1839'da yayınlanan Gülhane Hatt-ı Hümayunu ve 1856'da yayınlanan Islahat Fermanı ile atılmıştır. Fakat bu üç belge de devletin kuruluş ve işleyişiyle ilgili yargılara yer vermedikleri için gerçek anlamda bir anayasa sayılmazdı.

Türkiye'de ilk Anayasa, "Kanun-i Esasi" adı altında Midhat Paşa ve aynı düşüncede olanların çalışmaları ile 23 Aralık 1876'da Sultan II. Abdülhamid tarafından ilan edilmiştir. Yeni Anayasa gereği padişah tarafından tayin edilen Ayan üyeleri ile seçimle gelen meb'uslardan kurulu "Meclis-i Umumi" adı verilen iki meclisli bir parlamento meydana getirilmiştir.

Cumhuriyet döneminin ilk anayasası ise 1921 Teşkilat-ı Esasiye Kanunu'dur. 24 maddeden oluşan Teşkilat-ı Esasiye Kanunu, meclis üstünlüğü anlayışına dayanıyordu. Bu anayasa, hâkimiyetin millette olduğunu belirtmekle birlikte yasama ve yürütmeyi mecliste toplayan, cumhurbaşkanı ve bakanlar kurulu gibi devletin esas organlarına yer vermeyen ve siyasî niteliği hukukiliğe ağır basan bir sınırlı anayasal belge görünümündedir.

İLK ANAYASA MAHKEMESİ

Kanunların, kanun hükmünde kararnamelerin ve Türkiye Büyük Millet Meclisi içtüzüğünün anayasaya şekil ve esas bakımından uygunluğunu denetleyen en büyük yargı organı olan Anayasa Mahkemesi, ilk defa 1961 anayasası ile Türk hukuk sistemine girmiştir.

Türkiye'de ilk Anayasa Mahkemesi, 25 Nisan 1962 günü yürürlüğe giren 44 sayılı yasayla kuruldu. Sünuhi Arsan, 22 Haziran 1962 tarihinde yapılan seçimde Anayasa Mahkemesi'nin ilk Başkanı oldu. 2005 yılında başkan seçilen Tülay Tuğcu ise Anayasa Mahkemesi'nin ilk kadın başkanı oldu.

Anayasa Mahkemesi, Türkiye Büyük Millet Meclisi'nin çıkardığı yasaların Anayasa'ya aykırı olup olmadığına karar verebilmektedir. 17 üyeden oluşan Anayasa Mahkemesi'nin üyelerini cumhurbaşkanı ve TBMM seçer. Anayasa Mahkemesi'nin kararları kesindir, verdiği kararlar, Resmi Gazete'de yayınlanır.

İLK ANESTEZİ

Anestezinin tarihi ağrının tarihi, dolayısıyla insanlığın tarihi kadar eskidir. Ağrıyı ortadan kaldırmak için çeşitli yollar denenmiş, zaman zaman bitkilerden yararlanılmıştır.

Türkiye'de ilk anestezi uygulamaları, 1854-1856 Kırım Savaşı sırasında gerçekleştirilmiştir. Savaşta yaralanan 1000'e yakın askerde kloroform kullanılmıştır.

Türkiye'de ilk endotrakeal anestezi ise 1949'da Burhaneddin Toker ve Sadi Sun tarafından yapılmıştır. Önce Prof. Dr. Sadi Sun sonra Prof. Dr. Cemalettin Öner, 1956'da ilk anestezi uzmanı ünvanını alan hekimler olmuştur.

Eter, kloroform, siklopropan, halothan, enfluran gibi maddelerin keşfiyle modern anestezide büyük gelişmeler meydana gelmiştir.

İLK ANONİM ŞİRKET

Türkiye'de sermayesi paylara ayrılmış anonim nitelikte ilk şirket, Şirket-i Hayriyye'dir. Bu şirket, 1849 yılında Boğaz'da yolcu taşımak üzere 60.000 lira sermaye ile kuruldu. Sultan Abdülmecid'in emriyle devlet ileri gelenleri, nâzırlar, zenginler ve halk bu hisse senetlerini satın aldılar. Saray, 100 pay senedi aldı.

Şirket-i Hayriyye tarafından İngiltere'deki Robert White fabrikasına ısmarlanan altı vapur, 1853 yılında geldi ve seferlere başladı. Halkın bu vapurlara rağbeti artınca 1858 yılında yeni vapurlar alınarak hizmete konuldu.

19. yüzyılın ikinci yarısından itibaren Türkiye'de yeni şirketler kurulmaya başlandı. Şirket-i Hayriyye'nin ardından 1856 yılında merkezi Londra'da olan Bank-ı Osmanî ve Aydın-İzmir Demiryolu Şirket-i Osmaniyyesi kuruldu.

Daha sonraki yıllarda Londra ve Paris gibi Avrupa başkentlerinden yönetilen bankacılık, sigortacılık, madencilik, demiryolu, su, havagazı, rıhtım, tramvay, tünel vb. hizmetlere yönelik imtiyazlı yabancı şirketler kurulmuştur.

İLK ARABA VAPURU

Araba vapuru fikrini ilk ortaya atanlar, Türkler olmuştur. Osmanlılarda deniz taşımacılığı Şirket-i Hayriye adlı kuruluş tarafından gerçekleştiriliyordu.

Araba vapurunun bugünkü şekli ilk defa memleketimizde Şirket-i Hayriyye müdür ve mütehassısları tarafından tasarlanmıştır. Şirket-i Hayriyye'den bir yöneticiyle bir teknisyen araba vapuru yaptırmak için İngiltere'ye gitmiş ve 1869'da İngiltere fabrikalarına iki araba vapuru ısmarlanmıştır.

Osmanlı Devleti'nde 1870 yılında Üsküdar'la Kabataş arasında işletilmeye konulan ilk araba vapuruna "Suhulet" adı ve 26 numara verilmiştir. 1871 yılında da "Sahilbent" araba vapuru, İstanbul'da Anadolu ve Rumeli yakası arasında çalışmaya başlamıştır.

O güne kadar İngiltere'de bile deniz ulaşımı, halat ya da zincirlerle çekilen sallarla yapılıyordu.

İLK ARŞİV

Türkiye'de modern anlamda milli arşivcilik konusunda ilk ciddi girişim, 1845 yılında devrin maliye bakanı Safveti Paşa tarafından gerçekleştirilmiştir. Saffeti Paşa, Enderun'daki tarihi vesika ve defterleri düzenlemeye çalışmıştır.

Türkiye'de ilk arşiv deposu, Mustafa Reşit Paşa tarafından yaptırıldı. Daha önceleri devlet belgeleri, torba, sandık gibi dağınık yerlerde saklanırdı. Bu durumu gözönüne alan Mustafa Reşit Paşa, bugün de arşiv deposu olarak kullanılan, ilk adı "Hazine-i Evrak" olan, şimdi Başbakanlık Arşiv Genel Müdürlüğü olarak kullanılan binayı yaptırdı.

Tam anlamıyla modern arşivcilik ise, 1846'da "Hazine-i Evrak Nezareti"nin kurulmasıyla başladı ve bugünkü Başbakanlık Arşivi'nin çekirdeğini oluşturdu. 1846 yılında Bab-ı Ali'nin iç kısmında yüksekçe, rutubetsiz bir yer seçilerek ve özel olarak imal edilen tuğla ile mükemmel bir bina yapıldı. Nezaretin başına Hazine-i Evrak Nazırı olarak sadaret mektupçusu Esseyyid Hasan Muhsin Efendi atandı. Emrindeki ekip ile kıymetli çalışmalar yapan Hasan Muhsin Efendi, Türkiye'de modern arşivciliğin mimarı olarak kabul edilir.

İLK ASANSÖR

Ülkemizde ilk asansör, 1892 yılında İstanbul'da Pera Palas Oteli'ne yapılmıştır. Fransız Mimar Alexander Valley tarafından inşa edilen bu asansör, 5 kişi/400 kg kapasiteli olup günümüzde hala kullanılmaktadır. Pera Palas Oteli'ndeki bu asansör, 1892 Ekiminde, Paris'ten İstanbul'a Orient Express treni ile gelen yolcular için inşa edilmişti.

Türkiye'nin ikinci asansörü ise 1907 yılında İzmir'de Nesim Levi tarafından yaptırılmıştır. İlk yıllarda buhar gücü ile çalışan asansör uzun yıllar hizmet verdikten sonra kullanılmamış ve İzmir Büyükşehir Belediyesi'ne bağışlanmıştır.

Türkiye'ye gelen ilk asansör şirketi, İsviçreli Schindler firmasıdır. 1947 yılında Schindler'in Türkiye temsilciliğini alan Vehbi Koç'un kayınbiraderi Emin Aktar, Türkiye'de asansörün yaygınlaşmasında önemli rol oynamıştır.

İLK ASKERİ ŞURA

Askerî Şura, yalnız barış zamanında askeri meseleler ve Silahlı kuvvetlerle ilgili konularda görüş bildirmek ve diğer kanunlarla kendisine verilmiş olan işleri yapmakla görevli kuruldur.

Türkiye'de ilk Askerî Şura, 22 Nisan 1341 tarih (1925) ve 636 sayılı kanunla "Şura-yı Askeri" adıyla kuruldu. Bazı değişiklikler geçiren bu kurul, 17 Temmuz 1972 tarih ve 1612 sayılı kanunla yeniden teşkilatlandırıldı.

Günümüzde Genelkurmay başkanlığına bağlı bir kurul olan Yüksek Askerî Şûra, yılda iki kez, teâmülen Ağustos ve Aralık aylarında toplanır. T.C. Anayasası gereğince Başbakan'ın başkanlık ettiği Şûra'ya, Genelkurmay Başkanı, Milli Savunma Bakanı, Kuvvet Komutanları, Jandarma Genel Komutanı ile TSK'ya mensup tüm Orgeneral ve Oramiral rütbesindeki komutanlar katılır. Askeri Şura'nın Genel Sekreteri, Genel Kurmay İkinci Başkanı'dır.

İLK AT YARIŞLARI

Türkiye'de ilk at yarışları, Enver Paşa ve arkadaşlarının kurduğu "Islah-ı Nesl-i Peres" yani "At Soyunu Geliştirme Derneği" tarafından düzenlendi. Belli mesafelerde safkan atlarla yapılan bu yarışlar, Cumhuriyet'in ilanını izleyen yıllarda ise Tarım Bakanlığı'nın organizasyonunda gerçekleştirilmeye başladı.

Cumhuriyet dönemindeki ilk düzenli at yarışı, 1924 yılında yapıldı. İlk Gazi Koşusu, 1927 yılında yapıldı. 10 Haziran 1927 günü Ankara'da gerçekleştirilen bu koşuyu, Mustafa Kemal Paşa da izlemiştir. Gazi Koşusu, ülkemizde aralıksız en uzun süre yapılan spordur.

1950 yılında Türkiye Jokey Kulübü kuruldu. 1953 yılından itibaren de yapılan bir sözleşme ile Türkiye'deki koşuların düzenlenmesi ve müşterek bahis oynatma yetkisi Jokey Kulübü'ne verildi. Günümüzde İstanbul, Ankara, İzmir, Adana, Bursa, Elazığ ve Şanlıurfa gibi şehirlerde resmi yarışmalar düzenlenmektedir.

İLK AT ÜRETME ÇİFTLİĞİ (Hara)

Türkiye'de ilk at üretme çiftliği yani hara, 1913 yılında Eskişehir Çifteler'de (Aziziye) kuruldu. Kurtuluş Savaşı'nda Yunanlılar tarafından yakılıp yıkılarak kullanılmaz hale getirilen bu hara, 1923 yılında yeniden düzenlendi. Böylece Türkiye'de ilk at yetiştiriciliği başlamış oldu.

Türkiye Cumhuriyeti'nin ilk modern harası, Karacabey'de kurulmuştur. Bu haranın çalışmaları diğer haralara örnek teşkil etmiştir. Bu haralarda yetiştirilen Arap atları, sürat, mukavemet, zarafet ve asalet gibi ideal bir hayvanda bulunması gereken tüm vasıfları taşımaktadır.

İLK ATASÖZLERİ KİTABI

Eskiden, "darb-ı mesel", yahut kısaca "mesel" denilen atasözü, yüzyıllarca süren bir zaman dilimi içinde, tecrübeler sonucunda çeşitli sebeplerle söylenerek, sayısız hikmetleri küçük ve kısa sözlerle anlatan, dedelerden torunlara kalan ibretli, özlü ve kısa sözlerdir.

Türk atasözleri ilk defa Kaşgarlı Mahmud'un Divanü Lügat-it-Türk isimli eserinde derlenip toplanmış ve pek çok atasözü bir araya getirilmiştir. Divanlar, mesneviler ve nasihat eserlerinde de atasözlerine yer verilmiştir.

Türkiye'de atasözlerinin derlenip toparlandığı ilk atasözleri kitabını, "Durub-i Emsal-i Osmaniye" adıyla Şinasi meydana getirmiştir. Ahmed Vefik Paşa'nın "Müntehabat-ı Durub-i Emsal", Ahmet Midhat Efendi'nin "Türki Durub-i Emsal" isimli eserleri son devirde ortaya konmuş önemli atasözleri kitaplarıdır.

İLK ATATÜRK ANITI

Türkiye'de ilk Atatürk Anıtı, İstanbul Gülhane Parkı'nın denize yakın bölümünde 3 Ekim 1926 günü dikildi. Bu anıt, İstanbul Belediyesi tarafından Avusturyalı heykelci Heinrich Krippel'e yaptırıldı. Anıtın açılışını o dönemin belediye başkanı, Şehremini Muhittin Bey (Üstündağ) yapmıştır. Yine 1926'da Konya Atatürk Heykeli, 1927 yılında Ankara'da Ulus Meydanı Atatürk Heykeli ve 1931'de Samsun Atlı Atatürk Heykeli de Heinrich Krippel tarafından dikilmiştir.

Cumhuriyetin ilk yıllarında büyük anıtlar yapacak usta heykeltıraşlarımız yoktu. Türk heykeltıraşlarının yetişmesiyle yurdun dört bir bucağında Atatürk anıtları ve büstleri yapılmaya başlandı. Cumhuriyet döneminin, bir Türk heykelcisi tarafından gerçekleştirilen ilk anıt heykeli Nijat Sirel'in 1929 yılında yaptığı İzmit Atatürk Heykeli'dir.

Nijat Sirel, Ali Hadi Bara, Zühtü Müridoğlu, Kenan Yontuç, Nusret Suman, Ratip Aşir Acudoğu ve Sabiha Ziya Bengütaş Atatürk Anıtı yapmış ilk heykeltıraşlarımızdır.

İLK ATICILIK SPORU

Bir mermiyi veya oku bir silah aracılığıyla mümkün olduğu ölçüde hedefe ulaştırmayı gaye edinen atıcılık sporunun ülkemize gelişi 19. yüzyılın sonlarına rastlar. Ülkemizde ilk atıcılık sporu (baltrap), 1910 yılında İstanbul'da yapıldı. Daha çok avcılık biçiminde gelişen atıcılık sporunu Türkiye'ye Bulgaristan'ın Filibe şehrinden Niyazi Kızıltepe getirmiştir. Atıcılık spor dalında etkinlik gösteren ilk kulüp, Fenerbahçe oldu(1913). Fenerbahçeli Necati ve Galip Bey, Galatasaraylı Bülent ve Merdivenköylü Ziya Beyler, atıcılık sporuyla ilgilenen ilk sporcular oldular.

Türkiye'de ilk atıcılık kulübü ise 1921 yılında İstanbul'da Avcılar ve Atıcılar İhtisas Kulübü adıyla açıldı. Avcılık ve Atıcılık Federasyonu ise 1940 yılında kuruldu.

Günümüzde bazı bölgelerde atıcılık yarışmaları geleneksel spor olarak devam ettirilmektedir.

İLK ATLAS

Muhtelif haritaları içinde toplayan haritalar kitabı olarak tanımlanan atlas kelimesini ilk defa Alman coğrafya bilgini Merkator, 1955 yılında yayınladığı haritalar dergisinde kullanmıştır.

Türkiye'de ilk atlas, Katip Çelebi tarafından hazırlanan Cihannüma Atlası ve İbrahim Müteferrika tarafından basımı yapılan Atlas Minor'dur.

Türkiye'de, çağdaş anlamda ilk atlas denemeleri ise Tanzimat döneminde yapıldı. İlk Türk Atlası, Paris Coğrafya Topluluğu üyesi olan Hafız Ali Şeref tarafından yapıldı. 21 Haziran 1868'de Paris'te bastırılan bu atlasta 21 haritayla birçok şekil vardı.

Türkiye'de ilk mükemmel atlas 1803 senesinde Dâr-üt-Tıbât-il-Âmire isimli matbaanın müdürü Müderris Abdurrahman Efendi tarafından Üsküdar'daki Tabhâne-i Hümâyunda basılmıştır. Atlasın başında astronomi ve coğrafya bilgilerini ihtiva eden 79 sayfalık bir bölüm mevcuttur.

Atlasın, İslam Atlası, Bilim Atlası, Coğrafya Atlası ve Tarih Atlası gibi çeşitleri vardır.

İLK ATLETİZM ÇALIŞMALARI

Türkiye'de ilk atletizm çalışmaları, Birinci Dünya Savaşı'ndan önce görüldü. 1912-1913 yıllarında tek tük görülen ve düzenli olmayan atletizm denemeleri, birkaç heveslinin ilkel çalışmalarından öteye gidememiştir. Bu ilk atletizm heveslileri Silifkeli Şükrü, Doktor Nurettin Otmar, Selahattin ve Asım beylerdir.

Türkiye'de ilk düzenli atletizm çalışmalarına 1922 yılında başlandığı söylenebilir. Türkiye, 1924 yılında ilk defa Paris Olimpiyatları'na katıldı. Paris Olimpiyatları'ndan sonra Semih Türkdoğan, Ömer Besim Koşalay ve Naili Moran gibi atletler yetişmiştir.

Günümüzde Atletizm sporu, 1912'de Stochkholm'de kurulan ve 150'den fazla ülkenin üyesi olduğu Milletlerarası Amatör Atletizm Federasyonu (İAFF) tarafından belirlenen kurallara göre yapılmaktadır.

AVUKATLIK YAPAN İLK TÜRK

Türkiye'de avukatlık, ilk başlarda "dava vekilliği" şeklinde görülmüştür.

Türkiye'de avukatlık yapan ilk Türk, Kırımîzade Neşet Molla'dır. Kırımlızade Reşit Efendi'nin oğlu olan Neşet Molla, 1843-1906 yıllarında yaşamıştır. Neşet Molla, Muallimhane-i Nüvyab'tan mezun olduktan sonra 1892 yılında İstanbul'da avukatlığa başlamıştır. Kırımîzade Mecmuası ve Fihristi ile Ahlak adlı iki de eser vermiştir.

Dava vekillerinin durumu l8 Şevval l292 tarihli nizamname ile düzenlendi. 3499 sayılı kanun ve daha sonra l969 yılında kabul edilen 1136 sayılı Avukatlık Kanunu, avukatların ve dava vekillerinin durumunu açıklığa kavuşturmuştur.

İLK KADIN AVUKAT

Türkiye'nin ilk kadın avukatı, Süreyya Ağaoğlu'dur.

Ünlü düşünür ve siyasetçi Ahmet Ağaoğlu'nun kızı olan Süreyya Ağaoğlu, 1920 yılında İstanbul Kız Lisesi'nden mezun olduktan sonra 1921 yılında, hukuk eğitimi görmek için Darülfünun'a başvurdu. Hukuk Fakültesi'ne başvuran ilk kız öğrenci olan Süreyya Ağaoğlu, beraberinde Melda ve Bedia isimli iki kız arkadaşını da getirerek fakültenin kız öğrencilere açılmasını sağladı.

Süreyya Ağaoğlu, 5 Aralık 1927'de Ankara Barosu'na kaydoldu. 1928 yılında serbest avukatlık ruhsatını alarak, "Türkiye'nin ilk kadın avukatı" ünvanının sahibi oldu ve hayatı boyunca avukatlık mesleğini sürdürdü.

Türkiye'nin ilk kadın hakları savunucularından olan Süreyya Ağaoğlu, Türk Hukukçu Kadınlar Derneği başta olmak üzere, Üniversiteli Kadınlar Derneği, Hür Fikirleri Yayma Derneği, Soroptimistler İstanbul Kulübü, Türk Amerikan Üniversiteliler Derneği, 1948'de kendi kurduğu Çocuk Dostları Derneği gibi önemli sivil toplum kuruluşlarının kurulmasında rol aldı.

İLK AYAKKABI YAPIMEVİ

Türkiye'de ilk ayakkabı yapımevi, İstanbul Beykoz'da kuruldu. 1810 yılında Hamza Bey adında birisi Beykoz'da deri yapımevi açtı. Sonraları bu deri yapımevinde ayakkabı yapılmaya başlandı. Sultan II. Mahmut, 1816 yılında ordunun ayakkabı ihtiyacının buradan sağlanmasını isteyerek bu ayakkabı yapımevine destek olmuştur.

19. yüzyılın sonlarında İstanbul dışında Diyarbakır ve Musul'da da birer deri fabrikası bulunuyordu. Beykoz kundura yapımevi, 1942 yılında makineleştirilmiş, 1933 yılından itibaren Sümerbank tarafından işletilmeye başlanmıştır.

Günümüzde ayakkabı üretimi daha çok özel sektör tarafından gerçekleştirilmektedir.

İLK AYRICALIK

İslam ülkelerinde kapitülasyon karşılığı olarak "ayrıcalık, üstünlük" anlamlarına gelen imtiyaz kelimesi kullanılmıştır.

Türkiye'de ilk ayrıcalık, Türkiye Selçuklu Sultanları tarafından 1207 yılında Kıbrıs Krallığı'na ve Venedik'e verilmiştir. Daha sonra Anadolu Beylikleri de Anadolu'da ticaret yapan Avrupalılarla ticari antlaşmalar imzaladılar.

Osmanlı tarihinde ilk ticari imtiyaz, Rumeli'ye geçiş sırasında, Orhan Bey tarafından Cenevizlilere verildi. Osmanlılar, Batı Anadolu beyliklerini ilhak edince batılılara daha önce verilen ticari imtiyazları devam ettirdiler. Sultan Birinci Murat zamanında 1365 yılında Dalmaçya kıyılarında fakir bir ülke olan Ragusa Cumhûriyeti'ne beş yüz duka haraç karşılığında ticârî imtiyaz verildi. Daha sonraki yıllarda Yıldırım Bayezit'in oğulları Musa ve Süleyman Çelebi'ler Venediklilere ticarî ayrıcalık tanımış; II. Murat, Cenevizlilere; Fatih Sultan Mehmet de azınlıklara "dinî" ve Venediklilere, İtalyanlara, Cenevizliler ile Rodos şövalyelerine de ticaret yapma, tuzları işletme yetkisi vermiştir.

1535 yılında Kanuni Sultan Süleyman döneminde, önce Fransa'ya, daha sonraki yıllarda diğer Avrupa devletlerine tanınan kapitülasyonlar, Osmanlı Devleti'nin önce ekonomik, daha sonra siyasi yönden dışa olan bağımlılığını artırmıştır.

İLK BAHAR BAYRAMI

Ülkemizde ilk bahar bayramı, 1921 yılında kutlandı. Ancak, bu ilk kutlama, bir işçi bayramı niteliğindeydi. Türkiye'de ilk resmî kutlama ise 1923 yılında gerçekleşmiştir. 27 Mayıs 1935 günü çıkarılan 2739 sayılı Ulusal Bayram ve Genel Tatiller Hakkındaki Yasa ile 1 Mayıs gününün "Bahar Bayramı" olarak kutlanması kesinleşti. 12 Eylül 1980'de yapılan askeri harekâttan sonra çıkarılan bir yasa ile, 1 Mayıs'ın resmi bayram olarak kutlanması kaldırıldı.

Türkiye'de, 2008 yılı Nisan ayında yapılan bir düzenlemeyle 1 Mayıs Günü'nün "Emek ve Dayanışma Günü" olarak kutlanması kabul edildi. TBMM'nin, 22 Nisan 2009 tarihinde kabul ettiği yasa ile 1 Mayıs Günü, resmi tatil ilan edilmiştir.

Günümüzde Türklerin (Göktürklerin) Ergenekon'dan demirden dağı eritip çıkmalarını, baharın gelişini, doğanın uyanışını temsil eden 21 Mart Günü, Nevruz (Bahar Bayramı) olarak kutlanmaktadır. Nevruz, Türkiye'de bir gelenek, Türk Cumhuriyetleri'nde ise resmî bayram olarak kutlanırken, 1995 yılından itibaren Türkiye Cumhuriyeti tarafından Bayram olarak kabul edilen bir gün haline gelmiştir.

İLK BANKA

Osmanlı Devleti'nde ilk kredi kurumu, II. Selim zamanında, Portekizli Yahudi Yasef Nasi tarafından İstanbul'da kuruldu. Türkiye'de bankacılık faaliyetleri 1850'den önce Galata bankerlerinin tekelindeydi.

Ülkemizde ilk banka, Galata sarraflarından Leon ve Baltacı (Baltazzi) tarafından 1847 yılında İstanbul'da açıldı. Bank-ı Dersaadet (İstanbul Bankası) adıyla kurulan bu ilk banka, Kırım Savaşı öncesinde iflas etti. Daha sonra, 1856 yılında merkezi Londra'da olan Bank-ı Osmanî (Osmanlı Bankası) ve sonra da başka yabancı bankalar açıldı. Para basma yetkisi de tanınan Osmanlı Bankası, devlet bankası niteliğini kazandı.

Bankacılık alanında ilk millî adım, Mithat Paşa tarafından atıldı. Mithat Paşa, Niş Valiliği sırasında çiftçilere kredi sağlamak amacıyla 1863'te Memleket Sandığı'nı kurdu. Niş'in Pirot kasabasında 200 mecidiye altınıyla faaliyete geçen bu sandık, beklenenden fazla ilgi gördü. Bu sandık, 1864'te bütün Tuna Vilayeti'ne yayıldı. 1867 yılında bütünüyle yerli sermayeli bankalar kurmak kararı alınınca, Mithat Paşa tarafından 1868'de ilk yerli banka kuruluşumuz olan İstanbul Emniyet Sandığı kuruldu. 1872 yılından itibaren vilayet merkezlerinde Emniyet sandıkları açılmaya başlandı.

İLK BARAJ (Su bendi)

Türkiye'de ilk baraj, 1619 yılında Osmanlı Padişahı II. Osman tarafından yaptırılan "İkinci Osman" ya da öteki adıyla "Topuz Bendi" Barajı'dır. Toprak ve kaya dolgudan yapılan bu barajın yüksekliği, 9 metre 91 santimetredir. III. Ahmet, 1722 yılında 9 metre 41 santimetre yüksekliğindeki Büyük Bent'i yaptırdı. Osmanlılar döneminde yapılan en büyük baraj, 1890 yılında hizmete giren 18.5 metre yükseklikteki Elmalı Bendi'dir.

Cumhuriyet'in döneminde yapılan ilk baraj ise Çubuk Barajı'dır. Ankara sınırları içinde yer alan ve 33 metre yüksekliğe sahip olan Çubuk Barajı, 1936 yılında tamamlanmıştır.

Ülkemizde, özellikle 1950'li yıllardan sonra birçok büyük barajlar yapıldı. Bunların içinde ilk büyük baraj, Doğu Anadolu'daki Keban Barajı'dır. 207 m yüksekliğinde, beton ağırlık ve kaya dolgu tipindeki Keban Barajı, yükseklik bakımından dünyada on sekizinci sırada yer almaktadır. Güney Anadolu Projesi (GAP) içinde yer alan Atatürk Barajı ise, yurdumuzun en büyük barajıdır.

İLK BARO

Türkiye'de Tanzimat'tan önce dava vekili adı verilen kişiler hiçbir denetime tabi olmadan serbestçe mahkemelerde iş gördüklerinden bir baro söz konusu değildi. Tanzimat'tan sonra avukatlığın bir meslek olarak ortaya çıkmasından sonra baro kurulması yönünde gelişmeler olmuştur.

Türkiye'de ilk baroyu, 1870 yılında kapitülasyonlardan faydalanan yabancı uyruklu avukatlar, "Sosyete dö baro dö Konstantinopl", yani "İstanbul Avukatları Topluluğu" adıyla kurdular. Bu topluluğa 62 avukat kayıtlıydı. Bunlardan 11'i Rum, 38'i Ermeni idi.

İlk Osmanlı Barosu ise 16 Zilhicce 1292 (1876) tarihli "Mehakim-i Nizamiye ve Dava Vekilleri Hakkındaki Nizamname"ye dayanılarak 1878 yılında kurulmuştur.

Bölgesi içinde en az 15 avukat bulunan her il merkezinde bir baro kurulur. Baro kurulamayan yerler en yakın baroya bağlanır. Bütün barolar, Türkiye Barolar Birliği'ne bağlıdır. Türkiye Barolar Birliği'nin kurulması, ilk kez Ocak 1934'te İzmir'de düzenlenen Türkiye Avukatlar Kongresi'nde gündeme getirilmiştir. Daha sonraki yıllarda toplanan baro temsilcilerinin çalışmaları sonucu, 7 Temmuz 1969 tarihinde yürürlüğe giren 1136 sayılı Avukatlık Kanunu ile "Türkiye Barolar Birliği" nin kurulması yasal olarak kabul edilmiştir. Türkiye Barolar

Birliği ilk toplantısını, 9-10 Ağustos 1969 günü Ankara'da Yeni Sahne Salonu'nda yapmıştır.

Bugünkü anlamıyla baro, 1136 Sayılı Avukatlık Kanunu uyarınca, görevlerini onur ve dayanışma içinde toplumun çıkarlarına göre geliştirip yapmayı amaç edinen avukatlararası bir tüzel kuruluştur.

İLK BARUTHANE

İlk baruthane, yani barut yapımevi, Yıldırım Bayezid devrinde Gelibolu'da kuruldu. İstanbul'daki ilk Osmanlı baruthanesi ise 1490 yılında, Sultan II. Bayezit zamanında Atmeydanı'nda kuruldu. 17. yüzyılda ordu ve donanmanın barut ihtiyacını karşılamak için İstanbul'un Ayasofya, Kâğıthane, Şehremini ve Unkapanı gibi birçok semtinde baruthaneler ve barut mahzenleri açıldı. İstanbul'un dışında Selanik, Gelibolu, İzmir, Konya, Trablusşam, Van, Belgrat ve Bağdat'ta da baruthaneler kuruldu.

Osmanlı Devletinde baruthanenin işlerini takip etmek için ilk zamanlar Cebeci Ocağı'na, daha sonra da Yeniçeri Ocağına bağlı olarak çalışan Barutçubaşı görevlendirilmiştir.

Baruthaneler, 1826 yılında yeniçeri Ocağı'nın kaldırılmasından sonra Tophane Nezareti'ne bağlandı.

İLK BASKETBOL MAÇI

Türkiye'de ilk basketbol maçı, 1904 yılında Robert Koleji'nde oynandı. Daha sonra 1911'de Galatasaray Lisesi'nde, sonra İzmir Amerikan Koleji'nde bu spor ile uğraşıldı.

Türklerin basketbolu ilk kez öğrenip oynamalarında, devrin ünlü kalecisi ve Galatasaray Lisesi Beden Eğitimi öğretmenlerinden Ahmet Robenson'un çabaları etkili oldu. Ahmet Robenson, 1911 yılında bir Amerikan dergisinde görüp tanıdığı bu oyunu öğrencilerine oynatmak istedi. 10'ar kişilik takımlar arasında yapılan ilk karşılaşmada, oyun kurallarını bilen olmadığından, oyuncuların hepsi sakatlandı.

Spor kulüpleri içinde ilk basketbol takımını 1915 yılında Fenerbahçe kurdu. Daha sonra Galatasaray ve Beşiktaş gibi büyük takımlar da basketbol takımlarını kurdular.

Türkiye'de ilk basketbol ligi, 1915 yılında kuruldu. İlk basketbol millî maçı ise 24 Haziran 1936 tarihinde İstanbul'da Yunanistan'la oynandı ve maçı Türkiye 49-12 kazandı. Türkiye Basketbol Şampiyonluğu ise, 1946 yılında başladı.

İLK BASTON

Türkçe'ye, İtalyanca bastone sözcüğünden geçen baston, ilk zamanlar Gâvur icadı diye dışlanmıştır.

Türkiye'de asa yerine ilk baston kullanan kişi, Abdülhamit devrinin seçkin ulemasından Kethüdazade Hoca Mehmet Arif Efendi'dir. Zarafetiyle meşhur olan bu zat, kâfir değneği denilen bastonu için "ben onu Müslüman ettim" demiştir.

Geçmişte aksesuar olarak yaygın şekilde kullanılan baston, günümüzde yaşlıların yürümeye yardımcı olarak kullandığı bir alet olmaya başlamıştır.

İLK BAŞBAKAN

Türkiye Cumhuriyeti'nin ilk başbakanı, İsmet İnönü'dür. 29 Ekim 1923 günü Türkiye Büyük Millet Meclisi tarafından yeni Türk devletinin bir cumhuriyet olduğu ilan edildi.

Cumhuriyet yönetiminin ilan edilmesinden sonra mecliste cumhurbaşkanlığı seçimine geçildi ve Mustafa Kemal Paşa, seçime katılan 158 milletvekilinin oy birliğiyle cumhurbaşkanı seçildi.

Mustafa kemal Paşa, ilk cumhuriyet hükümetini kurma görevini de İsmet Paşa'ya verdi. 29 Ekim 1923 tarihinde göreve başlayan İsmet İnönü, Atatürk döneminde, 17 yıl 11 ay 20 gün başbakanlık yapmıştır. İnönü, 1965 yılına kadar değişik zamanlarda başbakanlık yapmıştır.

Türkiye'nin ilk kadın başbakanı ise Tansu Çiller'dir. Çiller, 25 Haziran 1993'ten 6 Mart 1996 tarihine kadar 50, 51 ve 52'nci Cumhuriyet hükümetlerinde görev yapmıştır.

İLK AY YILDIZLI ALBAYRAK

Osmanlılar kuruluş döneminden itibaren çok sayıda bayrak kullanmışlardır. Beyaz, kırmızı (al), yeşil, yeşil-kırmızı ve sarı kırmızı renklerde bayraklar kullanan Osmanlılar, bu bayraklarda Zülfikar kılıcı, ay, yıldız ve güneş gibi alametler kullanmışlardır.

Günümüzde de kullanılan Ay yıldızlı al bayrağın ilk şekli, III. Selim zamanında hilale sekiz köşeli yıldız eklenmesiyle kullanılmaya başlandı. Sultan Abdülmecit döneminde bayrağın üzerindeki yıldız beş köşeli olarak değiştirildi. Ay yıldızlı al bayrak, 19. yüzyıldan itibaren Osmanlı Devleti'nin millî bayrağı olarak kullanılmıştır.

Türkiye Cumhuriyeti kurulduktan sonra Osmanlı bayrağı aynen kabul edilmiş fakat ölçülerinde bazı ufak değişiklikler yapılmıştır.

İLK BELEDİYE

Günümüzdeki anlamıyla ilk belediye yönetimi kurma çalışmaları, Tanzimat sonrası dönemde başlamıştır. 1855 yılında İstanbul'da ilk defa belediye kuruluşu denemesine girişilmiştir.

1857 yılında yürürlüğe konulan Belediye Nizamnamesi ile İstanbul'da semt semt belediye teşkilatları kurulması kararlaştırılmıştı. İlk belediye teşkilatlarının azınlıkların çoğunlukta bulunduğu Beyoğlu ve Galata semtinde kurulması ve sırasıyla diğer semtlere de yaygınlaştırılması kabul edildi.

l868 yılında taşrada da belediye kurulması için talimat verildi. Devlet Şurası tarafından l869 yılında hazırlanan "Dersaadet İdaresi Belediye Nizamnamesi" ile belediye teşkilatının bütün İstanbul'a yayılması kararlaştırıldı. 1870'li yıllardan sonra yurdun çeşitli yerlerinde belediyeler hizmet vermeye başlamıştır.

Cumhuriyet döneminde 1930 yılında çıkarılan l580 sayılı kanun ile belediye yönetimi yeniden düzenlenmiş, 1984'te çıkarılan kanunla metropolitan kentlerin yönetimi için, Büyük Şehir Belediyeleri kurulmuştur.

İLK BİLARDO

Üstüne çuha gerilmiş dikdörtgen şeklinde özel masalarda, istaka denen uzun bir sopa ve üç topla oynanan bir oyun olan "bilardo", yurdumuza ilk kez 19. yüzyılın ikinci yarısında girdi.

Üç bantlı bilardo, Fransız bilardosu, beyzbol bilardosu, çizgili bilardo, delikli bilardo ve golf bilardosu gibi bir çok çeşidi olan bilardo, ilk defa 15. yüzyıl ortalarında Fransa'da oynanmaya başlamıştı.

İLK BİLGİSAYAR

Türkiye'de ilk bilgisayar, 1960 yılında, Karayolları Genel Müdürlüğü'nde kullanılmaya başlandı. Yaklaşık 12 yıl kullanılan "IBM-650 Data Processing Machine" adlı bu bilgisayar, her biri 10 karakter ve 1 işaretten oluşan 2000 sözcüklük Tambur belleğe sahipti. Delikli kart ile bilgi girişi yapılan bu aygıt, dakikada 78000 toplama-çıkartma, 5000 çarpma ve 138.000 mantıksal karar verebilme özelliğine sahipti.

İLK BİRA FABRİKASI

Bira, eski çağlardan beri insanlar tarafından keyif verici bir madde olarak kullanılmıştır. Bira tekniği ilk defa Mısır'da geliştirilmiş, oradan Yunanistan ve Avrupa'ya yayılmıştır. 19. yüzyılda Avrupalılar tarafından biranın içine şerbetçiotu ilk defa karıştırılmıştır.

Türkiye'ye birayı ilk sokanlar ve Türkiye'de birayı ilk kullananlar, azınlıklar olmuştur. Türkiye'de ilk bira fabrikası, özvarlığı yabancı kaynaklı Bomonti Nektar Şirketi tarafından 1912 yılında Aydın'da, kuruldu. Tekel İdaresi, 1940 yılında, Aydın Bira Fabrikası'nı satın alarak, burada rakı üretimine başladı.

İLK BİSİKLET SPORU

Türkiye'ye ilk bisikletin hangi tarihte ve kim tarafından getirildiği bilinmemektedir. Meşrutiyet'ten önce İstanbul Tepebaşı'nda dükkân açan iki bisiklet satıcısı, müşteri çekmek amacıyla gösteriler düzenledilerse de, ilgi çekemediler.

Bisikletin yurdumuza girişi oldukça eski olmasına rağmen spor olarak benimsenmesi 1910 yılından sonraya rastlar. 1912 yılında ilk bisikletçilerimiz Paris Olimpiyatları'na katıldılar.

Bisiklet sporuyla ilgilenen ve bu sporun öncülüğünü yapan ilk kulüp, Fenerbahçe oldu. 1912 yılında Fenerbahçeli bisikletçiler Vecdi, Şinasi ve Alber Beyler, Türkiye'de düzenlenen ilk bisiklet yarışlarında şampiyonlukları aralarında paylaştılar.

1970'de de ilk kez Esen Bisiklet Kulübü adıyla bir bayan bisiklet takımı kuruldu.

İLK BİSKÜVİ

Türkiye'de ilk bisküvi üretimine, 1924 yılında başlandı. Az mayalanmış undan yapılan, nem oranı düşürüldüğü için uzun zaman tazeliğini koruyabilen sert, kuru, tatlı veya tuzlu olarak çeşitleri bulunan bisküvinin gıda sanayi içinde büyük bir payı vardır.

Bisküvi üretimi, son yıllarda büyük artış göstermiştir. Bisküvi üretiminin bir kısmı yurtdışına ihraç edilmektedir.

İLK BİYOGRAFİ

Kişilerin ilgi çekici hayat hikâyelerini, yaptıkları önemli işleri bütün yönleriyle toparlayıp yazma türü olan biyografilerin Türkiye'de ilk örneklerine tarihler, menakıpnameler (tarihe geçmiş ünlü kişilerin yaşantılarından örnekler), evliyâ ve şuârâ tezkirelerinde rastlıyoruz. Hoca Dehhani'nin "Selçuklular Şehnamesi", Mustafa Darir'in "Tercüme-i Siretü'n-Nebî", Bursalı Lâmii'nin "Peygamberlik İşaretleri", Baki'nin "Kesin Bilginin İzleri" adlı biyografileri, yazıldıkları dönemin ünlü eserleridir.

Tanzimat'tan sonra Fatih Sultan Mehmet, Yavuz Sultan Selim ve Selahaddîn-i Eyyûbî hakkında biyografi türünde eserler yazılmıştır. Ahmed Cevdet Paşa'nın Kısas-ül Enbiyâ'sı ise biyografi türünün şaheserlerindendir.

İLK BOĞAZ KÖPRÜSÜ PROJESİ

İlk Boğaz Köprüsü Projesi, II. Abdülhamit zamanında yapılmıştır.

Sultan II. Abdülhamit, İstanbul Boğazı'nın, Sarayburnu-Üsküdar ve Rumelihisarı-Kandilli arasında olmak üzere iki köprü ile bağlanması için 1900 yılında Fransız inşaat mühendisi F. Arnodin'e bir proje çizdirmiştir. Avrupa'nın güney, güneybatı ve merkezindeki demiryollarını bu Boğaz Köprüsü ile Bağdat Demiryolu'na bağlamayı düşünen II. Abdülhamid, böylece İslam dünyası arasındaki ilişkileri güçlendirmek istiyordu.

F. Arnodin'in çizdiği bu dev köprüye ait projede, minareler, kubbeler, kuleler ve askeri savunmayı temin edecek toplar yer almıştır. Fakat siyasi gelişmeler ve II. Abdülhamid'in tahttan indirilmesi, teşebbüsün tasarı halinde kalmasına sebep oldu.

Cumhuriyet devrinde Boğaz'da bir köprü yapılması için ilk ciddi teşebbüs 1953 yılında yapıldıysa da 1969 yılına kadar bu iş neticelenmedi. 1969 yılında "Hochtief-Cleveland" İngiliz-Alman firmasına ihale edilen Boğaz Köprüsü'nün temeli, 20 Şubat 1970 günü devrin Başbakanı Süleyman Demirel tarafından atıldı. Üç seneyi aşkın çalışmalardan sonra 30 Ekim 1973 günü devrin Cumhurbaşkanı Fahri Korutürk tarafından muhteşem bir törenle hizmete açıldı. Köprünün iki kuleleri arası uzunluğu 1073 metre, genişliği 39 m. ve denizden yüksekliği ise 64 m.dir.

İLK BOKS KULÜBÜ

Türkiye'de ilk boks kulübü, 1919-1920 yıllarında Akşiyani Efendi ile Musevi bir yurttaşın çabasıyla kuruldu. Çalışmalarına İstanbul Taksim'deki Şantekler Salonu'nda başlayan ilk boks kulübünün giderleri, Fransa Boks Federasyonu tarafından karşılanıyordu.

Türkiye'deki ilk boks federasyonu da, 1924 yılında kurulmuştur. Türkiye Boks Federasyonu, 1927 yılında Uluslararası Amatör Boks Birliği üyeliğine kabul edilmiştir. İlk Boks Federasyonu Başkanımız da Eşref Şefik Atabey'dir. Boksta ilk Milli Türk Takımı, 1928 yılında kurulmuş ve ilk uluslararası başarımız SSCB'de kazanılmıştır.

İngiliz Kemal adıyla bilinen Esat Tomruk, Ali Sami, Ziya, Mazlum Kemal, Mısırlı Mazhar Bey, Fenerbahçe futbolcularından Yavuz İsmet, Galatasaray futbolcularından Sabri Mahir, Hilmi Hoca, Kemal Hoca gibi isimler Türk boksunun ilk boksörleri olarak tarihte yerlerini almışlardır.

İLK İÇ BORÇLANMA

Osmanlı Devleti'nde, 17. yüzyıldan itibaren uzun süren savaşlar, askeri ve bürokratik harcamaların artması gibi nedenlerle gelir gider dengesi bozulmuştu. Gelirler giderleri karşılamayınca bütçe, açık vermeye başlamıştı.

Türkiye'de ilk defa 26. Osmanlı padişahı olan III. Mustafa döneminde iç borçlanmaya gidildi ve Galata Bankerlerinden borç alındı. Alınan bu borç parayla Rusların 1770'te Çeşme'de yaktıkları donanmanın yerine yeni bir donanma kurulmaya çalışıldı. Daha sonraki yıllarda bütçe açıklarını kapatmak için sık sık iç borçlanma yoluna gidildi.

İLK DIŞ BORÇLANMA

Tarihimizde ilk dış borçlanma, Sultan Abdülmecit döneminde gerçekleşmiştir. Osmanlı Devleti, Rusya ile Kırım Savaşı'na girdiğinde, bu savaşın getirdiği parasal yükü karşılamak için, 1854 yılında savaş sürerken, tarihinde ilk defa dışarıdan borç para almak zorunda kaldı.

28 Haziran 1855'te Londra'da beş maddelik bir mukaveleyle Londra ve Paris'teki Palmer ve Goldschmid isimli iki banka grubundan 3 milyon sterlin borç alındı. Bu paranın 700 bin sterlinine bankacılık masrafları ve borcun ilk taksiti olarak el konuldu. Kalan miktarın tamamına yakınıysa Kırım Savaşı için harcandı. Yüzde 6 faizli borçlanmaya Mısır'dan alınacak vergilerin bir bölümü karşılık olarak gösterildiğinden, bu sözleşmeye "Mısır Borçlanması" denildi. Sultan Abdülmecit'in son zamanlarında alınan bu paraların büyük bölümü, saray ve köşk yapımında harcandı.

İlk borcu alan Abdülmecid bu konuda şunları söylemiştir: "Borç almamak için çok çalıştım. Lakin durum bizi borç almaya mecbur etti. Bunun ödenmesi, gelirlerin artmasıyla olur. Bu da ülkenin imarıyla olur."

Osmanlı Devleti, 1877 yılına kadar borç almaya devam etti. Alınan borçlar ödenmeyip faizleri de birikince 1881 yılında Duyûn-u Umumiye İdaresi kuruldu. Bu idare, Osmanlı'nın önemli gelir kaynaklarına el koyarak borçları tahsil etmeye çalıştı.

İLK BORSA

Türkiye'de ilk borsacılık faaliyetleri, 19. yüzyılda başlamıştır. Türkiye'nin ilk resmî borsası, 1866 yılında İstanbul'da açılmış olan Dersaadet Tahvilat Borsası'dır. Dersaadet Tahvilat Borsası, 19. yüzyılın sonlarına doğru Avrupa'nın sayılı büyük borsaları arasına girmiştir. Bir ara dört ay kapatılan borsa, 1906 yılında Esham ve Tahvilat Borsası adı altında yeniden açılmıştır.

Ülkemizde ilk ticaret borsası ise 1886 yılında İzmir'de, "İzmir Ticaret ve Sanayi Borsası" adıyla kuruldu.

Cumhuriyet döneminde 1926 yılında İstanbul'da "İstanbul Menkul Kıymetler ve Kambiyo Borsası" kurulmuş, ancak borsaya canlılık kazandırılamamıştır. Bir ara Ankara'ya taşınan borsa, 1941 yılında tekrar İstanbul'a taşınmıştır.

1980'li yıllarda yaşanan hızlı kalkınma ve liberalleşme sonucu sermaye piyasalarında ve borsada önemli bir hareketlilik görülmüştür. 26 Aralık 1985 tarihinde İstanbul Menkul Kıymetler Borsası (kısa adıyla İMKB) açılmış ve 2 Ocak 1986 günü ilk seans yapılmıştır. İMKB'nin ilk başkanı, Muharrem Karslı idi.

İLK BÖBREK NAKLİ

Böbrek nakli, insandan insana en çok yapılan organ naklidir. Uzaktan akraba olan vericilerin yanında ölü vericilerin böbrekleri de hastalara nakledilebilmektedir.

Türkiye'de ilk böbrek nakli, 1967 yılında yapılmıştır. Türkiye'de akrabalararası ilk böbrek nakli ise, 3 Kasım 1975 yılında Hacettepe Üniversitesi Tıp Fakültesi'nde Prof. Dr. Mehmet Haberal ve ekibi tarafından gerçekleştirildi. Ameliyatla bir anneden alınan böbrek, oğluna nakledilmişti. Bunu aynı ekibin 1978 yılında kadavradan yaptığı ilk böbrek nakli izledi.

Türkiye'de organ nakli ameliyatlarının yapılabilmesi için ilk yasal düzenleme, Mehmet Haberal'ın çabalarıyla yapılmış, 1978'de 2238 sayılı yasa çıkarılarak organ nakli yasal bir statüye oturtulmuştur.

İLK BUZDOLABI

İnsanoğlu besinlerin bozulmasını yavaşlatmak için çareler aramış, besinleri soğukta tutmanın, bunların bozulmalarını yavaşlattığını görmüştü. Bunun sonucunda besinleri uzun süre muhafaza etmek için buzdolapları yapılmıştır.

Türkiye'de ilk buzdolabı, 1960 yılında Koç Grubuna ait Arçelik firması tarafından yapılmıştır. Günümüzde çok gelişmiş özelliklere sahip derin donduruculu, no-frost özelliklere sahip farklı modellerde buzdolapları üretilmektedir.

İLK BÜTÇE

Osmanlı Devleti'nde gelir ve giderleri gösteren ilk kayıtlar, 16. yüzyıldan itibaren tutulmaya başlanmıştır. 16. yüzyıl sonlarına kadar, genellikle gelirler, giderlere göre fazlaydı. 17. yüzyılın başlarından itibaren savaşlar, bürokratik harcamaların artması ve askerî alanda yapılan ıslahatlar nedeniyle bütçe açık vermeye başlamış ve bundan sonra bütçe açıkları kapatılamamıştır.

Osmanlılarda gerçek anlamda ilk bütçe, Tarhuncu Ahmet Paşa tarafından hazırlanmıştır. 1651 yılında sadrazam olan Tarhuncu Ahmet Paşa, gereksiz harcamaları kısarak bütçe açıklarını kapatmaya çalışmıştır.

Türkiye'de "bütçe" kelimesi, ilk defa Tanzimat'tan sonra kullanılmaya başlanmıştır. Bütçe kelimesi, 1876 yılından itibaren "Muvâzene Defteri" ve "Muvâzene-i Umûmiye" kelimeleri ile dilimizde yer almıştır.

İLK CAM FABRİKASI

Türkiye'de cam yapma sanatı, Selçuklularla başlamıştır. İstanbul'un alınmasından sonra İstanbul ve çevresinde çok sayıda cam atölyesi kurulmuş ve camcılık büyük gelişme göstermiştir. 1848 yılında Çubuklu yakınlarında kurulan Kristal Cam İmalâthanesi'nde "Çeşm-i Bülbül" adı verilen kristal bir cam çeşidi yapılmaya başlanmıştır. Bugün Beykoz İşi denilen bu kristaller, ışıkta kırmızı renkte yansırlar.

Türkiye'de çağdaş anlamda ilk cam fabrikası, 1934 yılında İstanbul Paşabahçe'de kurulmuştur. Türkiye'nin cam ihtiyacının büyük bir bölümünü karşılayan "Paşabahçe Şişe ve Cam Fabrikası" adlı bu kuruluş, yurt dışına da ürün ihraç etmektedir. Son yıllarda sürekli kendini yenileyerek büyük bir gelişme gösteren fabrika, Avrupai anlamda eşyalar yapmaktadır.

İLK CAMİİ

Türkiye'nin ilk camisi, Habib-i Neccar Camii'dir. Bu camii, Antakya, 636 yılında Hz. Ömer'in komutanlarından Ebu Ubeyde Bin Cerrah tarafından fethedildiğinde fethin simgesi olarak, Habib-i Neccar ve Hz. İsa'nın iki havarisinin mezarının bulunduğu yerde yapıldı. Daha sonraki yıllarda yıkılan ve zarar gören camii, birçok kez yenilenmiştir.

İstanbul'da ilk camii, 717 yılında İstanbul'un fethi için gelen ordunun başında bulunan Mesleme Bin Abdülmelik adındaki komutan tarafından Galata'da yaptırılmıştır.

Türkler Anadolu'yu fethedince bir yandan kırsal alanlarda yeni yerleşim yerleri kurarken, diğer taraftan bu yerleşim yerlerine İslâm kimliği kazandırmak için çeşitli faaliyetlerde bulundular. Şehirlerde ve köylerde dinî hayatın gerektirdiği camiler, mescitler ve medreseler kurulmuştur.

Anadolu'da Türklerin yaptığı ilk camii, 1091-1092 tarihlerinde Büyük Selçuklular tarafından yapılmış olan Diyarbakır Ulu Camii'dir. Artuklular ve daha sonraki dönemlerde birçok kez değişikliğe uğrayan bu camii, günümüze ulaşmayı başarmıştır.

İLK CASUSLUK ÖRGÜTÜ

Osmanlılarda casusluk, devletin kuruluşuyla başlamıştır. Araştırmalar, Osmanlı Devleti'nin kurucusu ve ilk padişahı Osman Bey'in beyliği çevresindeki bey ve tekfurlara karşı casuslar kullandığını gösterir.

Tarihimizde belirli ilk casusluk örgütünü, Fatih Sultan Mehmet kurmuştur. İstanbul'u almayı aklına koyan Fatih Sultan Mehmet, Bizans İmparatorluğu'nun tüm faaliyetlerini izlemek için güçlü bir casusluk örgütü kurmuştur.

Uçan kuştan şüphelenen II. Abdülhamit ise, casusluk örgütüne büyük önem vererek Yıldız İstihbarat Teşkilatı'nı kurmuş ve geliştirmiştir. 30 yıl memleketin içinde ve dünyanın her tarafında bütün başka istihbarat, casusluk ve sabotaj teşkilatları ile mücadele eden ve daima başarılı olan Yıldız İstihbarat Teşkilatı, 1908'de ilan edilen Meşrutiyet'le kaldırıldı.

İLK CEZA YASALARI

Osmanlı Devleti'nde ilk zamanlar yazılı hukuk kuralları yoktu. Türk gelenekleri, İslami esaslar ve töreler uygulanıyordu.

Ülkemizde ilk ceza kanunlarının düzenlenmesi Fatih Sultan Mehmet ile Kanuni Sultan Süleyman'ın dönemlerinde gerçekleşti. Ancak, bu kanunlar, genel ceza kurallarının hepsini kapsamaktan oldukça uzaktı. Fatih Sultan Mehmet döneminde hazırlanan kanunnamelerde padişah olan şehzadeye karşı, diğer kardeşlerin mücadelesini engellemek ve devlet bütünlüğünü korumak amacıyla kardeş katli yasası getirilmiştir.

Türkiye'de ilk yazılı ceza kanunu, 1840 yılında, Padişah fermanı ile kabul edilen "Ceza Kanunname-i Hümayunu"dur. Bu Ceza Kanunu'nda cinayet, kaza ve intihar olaylarında tıp bilgisine ihtiyaç gösteren hükümler bulunmaktaydı.

Türkiye Cumhuriyeti'nin ilk ceza kanunu, 1889 tarihli İtalyan Ceza Kanunu esas alınarak hazırlandı. Yeni Türk Ceza Kanunu, Mahmut Esat Bey'in Adalet Bakanlığı döneminde, 1 Mart 1926 tarihinde TBMM'de kabul edildi.

İLK CUMA NAMAZI

Türkiye'de ilk Cuma namazı, Selçuklu Sultanı Alparslan zamanında Kars'ta kılınmıştır. Büyük Selçuklu hükümdarı Sultan Alparslan, 16 Ağustos 1064 tarihinde Bizanslıların Kars yakınlarındaki muhkem kalesi olan Ani Kalesi'ni kuşatmıştı. Zorlu bir kuşatmadan sonra şehri ele geçiren Alparslan, şehrin en büyük kilisesini camiye çevirerek ismini de fetihten dolayı Fethiye Camii olarak değiştirmiştir.

Anadolu topraklarında ilk Cuma ezanı ve hutbesi, 20 Ağustos 1064 gününe rastlayan Ramazan-ı şerifin dördünde okundu. Fethiye Camii'nde, bütün Selçuklu devlet büyükleri ve askerî erkânı da beraber olduğu halde Cuma namazı kılındı.

Sultan Alparslan, Türkiye'nin temellerini Kars'ta atmış ve ülkelere gönderdiği fetihnamelerle Anadolu'nun Türk-İslâm yurdu olduğunu ilân etmiştir.

İLK CUMA TATİLİ

Osmanlı İmparatorluğu'nda, Tanzimat'a kadar hafta sonu tatili yoktu. Müslümanların tatil günü sayılan Cuma günü, 1839 yılından itibaren Osmanlı Devleti tarafından tatil günü olarak seçilmiştir. Ondan önce resmî daireler Cuma yerine Çarşamba günleri tatil ediliyordu.

TBMM, 2 Ocak 1924 tarihinde Cuma gününü "Resmi Hafta Tatili" olarak kabul etti. Cumhuriyet'in ilanından sonra 27 Mayıs 1935 yılında çıkarılan 2739 Sayılı kanun ile de, "Pazar" günü resmî tatil olarak kabul edildi. İlk Pazar tatili, 1 Haziran 1935 günü uygulandı.

Hafta sonu tatilinin Cumadan Pazara alınması, ticaret işlerinde ve resmi temaslarda ortaya çıkan güçlükleri ortadan kaldırmıştır.

İLK CUMHURBAŞKANI

Türkiye'nin ilk cumhurbaşkanı, Mustafa Kemal Atatürk'tür. 29 Ekim 1923 gününün gecesi, Saat 20.30'da T.B.M.M., anayasa değişikliğini kabul ederek yeni Türk Devleti'nin bir cumhuriyet olduğunu ilân etti.

Cumhuriyeti ilan edilmesinden sonra Türkiye Büyük Millet Meclisi, cumhurbaşkanı seçimine geçti. Gazi Mustafa Kemal Paşa, seçime katılan 158 milletvekilinin oybirliğiyle Türkiye Cumhuriyeti'nin ilk cumhurbaşkanlığına seçildi. M. Kemâl Atatürk, 29 Ekim 1923'ten itibaren 10 Kasım 1938'de ölünceye kadar cumhurbaşkanlığını sürdürdü.

Cumhurbaşkanı Mustafa Kemal Paşa, ilk cumhuriyet hükümetini kurma görevini İsmet Paşa'ya verdi.

İLK ÇAMAŞIR MAKİNESİ

İlk defa 20. Yüzyılın başlarında ABD'de Chicago şehrinde Alva Fisher tarafından yapılan çamaşır makinesi, yüzyıllardır çamaşırlarını dere kenarlarında elleriyle ovarak ya da tokaçlayarak yıkayan kadınlar için büyük bir kolaylık sağlamıştı.

Çamaşır makinesinin ülkemizde yaygınlaşması 1950'lerden sonra olmuştur. Türkiye'de ilk çamaşır makinesi, 1959 yılında Arçelik firması tarafından üretilmiş ve satışa sunulmuştur. 1960 yılında ise Profilo üretime başlamıştır. Fakat aşırı pahalı olduğundan her eve girememiştir. 1970'li yıllardan sonra fiyatların düşmesiyle çamaşır makinesi sahibi olmak kolaylaşmıştır. Günümüzde çamaşır makinesi üretimi yapan 10'larca şirket vardır.

Türkiye'nin ilk otomatik çamaşır makinesi, 1974 yılında Arçelik tarafından yapılmıştır. Arçelik firması, 2006 yılında ise Dünyanın en hızlı çamaşır makinesini üretmiştir.

İLK ÇAY ÜRETİMİ

Yurdumuza ilk çay, 16. yüzyılda geldi. Çok az kişi tarafından tanınan çay, ıtriyat olarak kullanılıyordu. Çay, 1839'da Tanzimat'ın ilanından sonra kahvaltılarda yer almaya başladı. Türkiye'de ilk çay üretimi, II. Abdülhamit döneminde yapıldı. İlk çay, 1878 yılında Artvin yöresinde, Hopa ve Arhavi'de yetiştirildi. Çay, çalışmak için Rusya'ya giden yöre erkeklerinin oradan getirdikleri çay fidanlarını evlerinin bahçelerine ekmeleri sonucu Türkiye'ye gelmişti.

Rize'ye ilk çay, 1912 yılında Rize Ziraat Odası reisliğini yürüten Hulusi Karadeniz tarafından getirildi. Hulusi Bey, Rusya'nın işgali altında olan Batum'dan getirdiği çay tohumlarını Rize'de evinin bahçesine ekti, tohumların filiz vermesi üzerine Rize'de çay tarımı yaygınlaştı.

Çayın işlenip kullanılabilecek duruma gelmesini sağlamak amacıyla ilk yapımevi, Rize'de açıldı. Çayın günümüzdeki teknikle işlenip ambalajlanması, ancak 1947-1948 yıllarında gerçekleşti.

İLK ÇEK

Bir kişinin bir banka üzerinde bulunan alacağının tümünü ya da belirli bir bölümünü diğer bir kişiye ödetmek amacıyla düzenlediği, para yerine geçen belgeye "çek" denir. Çekin, seyahat çeki, havâle çeki, çizgili çek, mahsup çeki, posta çeki ve banka çeki olmak üzere çok sayıda çeşidi vardır.

Tarihimizde para yerine "çek" kullanmayı ilk öneren, Osmanlı Maliye bakanlarından Kazazyan Agop Paşa'dır. Agop Paşa, alışverişte büyük kolaylık sağlayan çek kullanımını, yurdumuza, 1885 yılında getirdi. Çek ve benzeri araçlar, Osmanlı'da çok sınırlı kullanım alanı bulmuştur. Türkiye'de çek kullanımı, 1914 yılında yasallaştı.

Günümüzde ticaret işlemlerini hızlandırmak, uzak yerlerdeki alacakları kısa sürede elde etmek için sıkça kullanılan çekin kökeni İngiltere'ye dayanmaktadır. Hamiline yazılmış ilk çek, 22 Nisan 1659 günü, Londra'da Nicholas Vanacker'a ödendi.

İLK ÇİKOLATA

Türkiye'de fabrika kurulmadan önce çikolata, dışarıdan gelirdi. Avrupa'yı toplu ulaşım araçlarıyla gezen ilk gezgin olan İtalyan Gemelli Careri, gezisi sırasında Osmanlı topraklarına da uğramış ve çikolatayı Türkiye'ye getiren ilk insan olmuştur.

Türkiye'de ilk çikolata satış ofisi, 1909 yılında yabancı sermayeli Nestlé firması tarafından İstanbul Karaköy'de açıldı. Böylece çikolata, Türkiye'de satılmaya başlandı.

Türkiye'de ilk çikolata fabrikası, yabancı sermayeli olarak 1927 yılında İstanbul Feriköy'de kuruldu. 500 kilo günlük üretim kapasitesiyle çikolata üretimi yapan fabrika, Türk halkının çikolatayla tanışmasını ve sevmesini sağladı.

Türkiye'de ilk sürme çikolata ise "Chokella" adıyla 1968 yılında üretildi. Türkiye'nin ilk çikolatalı toz içeceği, "Nesquik" adıyla 1986 yılında piyasaya sürüldü.

İLK ÇİMENTO ÜRETİMİ

Yurdumuzda ilk çimento üretimi, 1911 yılında İstanbul Darıca'da kurulan çimento fabrikasıyla başladı. 20 ton üretim kapasitesine sahip bu fabrikada üretilen çimentolar, Boğaz Köprüsü, Atatürk Kültür Merkezi, Çubuk Barajı, Atatürk Havalimanı, Sabiha Gökçen Havalimanı, Kınalı - Sakarya Otoyolu, Formula 1 Pisti gibi Türkiye için önemli projelerde kullanılmıştır. Aynı yıl Eskişehir'de ikinci çimento fabrikası açılmıştır. Bunları yeni çimento fabrikaları izlemiştir.

İLK DAĞCI

İlk Türk dağcısı, Profesör Ali Vehbi Türküstün'dür. 1877-1937 yıllarında yaşayan Türküstün, Fransa'da Paris'te Tıp öğrenimi yaparken 4 Fransız dağcı arkadaşı ile birlikte 26 Temmuz 1906 günü Alp Dağları'nın en yüksek noktası olan Mont Blanc zirvesine çıkmış ve Mont Blanc zirvesine Türk bayrağını ilk diken Türk olmuştur.

Türkiye'de dağcılık etkinliklerini, Cemil Cahit Toydemir başlatmıştır. 6 subay ve 1 erle birlikte 1924'te Kayseri'deki Erciyes Dağı zirvesine, doğu yönünden tırmanan Cemil Cahit Toydemir, Erciyes'in zirvesine ilk çıkışı gerçekleştirir. Bursa'daki Keşiş Dağı zirvesine ilk tırmanışı, 1925 yılında Bursalı bir doktor olan Osman Şevki Bey yapmıştır. Daha sonra Uludağ soyadını alacak olan Osman Şevki Bey'in teklifi üzerine Keşiş Dağı'nın adı, Uludağ olarak değiştirilir. Büyük Ağrı Dağı'nın zirvesine ilk çıkışı, 3 Eylül 1934 tarihinde Yüzbaşı Rüştü ve Teğmen Bekir komutasındaki 14 kişiden oluşan bir askeri ekip gerçekleştirir.

Everest'e tırmanan ilk Türk dağcısı, 1995 yılında Everest'in zirvesine çıkmayı başaran Nasuh Mahruki oldu. Eylem Elif Maviş ise 2006'da Everest'e tırmanarak, Everest'e tırmanan ilk Türk kadın dağcı oldu.

Latif Osman Çıkıgil, Muvaffak Uyanık ve Muharrem Barut ülkemizin ilk önemli dağcılarındandır.

İLK DANIŞTAY

İlk Danıştay, II. Mahmut'un desteğiyle 1837 yılında "Meclis-i Ahkâm-ı Adliye" adıyla kuruldu. Bu ilk Danıştay, devleti ilgilendiren konulan görüşmek, yasa tasarılarını hazırlamak, günümüzdeki anlamıyla Bakanlar Kurulu'nun yapmayı tasarladığı işleri inceleyip, bir düzene koymayı amaçlıyordu.

1867 yılında Meclis-i Vâlâ'nın lağvıyla "Şûra-yi Devlet" adıyla yeni bir teşkilat kuruldu. Devlet işleri hakkında kararlar vermek, yapılan kanun ve nizamları tetkik etmek, yüksek düzeyde memurları muhakeme etmekle görevlendirilmiş olan "Şura-yi Devlet", imparatorluğun sonuna kadar devam etmiştir.

Cumhuriyet döneminin ilk Danıştayı, 669 sayılı kânunla 6 Temmuz 1927 tarihinde kuruldu. Bu ilk Danıştay, Mülkiye, Maliye ve Nâfia daireleri olmak üzere üç idare ve bir dava dairesiyle çalışmalarına başlamıştır. 669 sayılı kanunla, Danıştay tarafından verilen kararların hiçbir makamın onayına gerek kalmadan yürütülmesi esas ve ilkesi kabul edilmiş oluyordu.

İLK KADIN DANIŞTAY BAŞKANI

İlk Kadın Danıştay Başkanı, Füruzan İkincioğulları'dır. 1958'te Danıştay Yardımcısı unvanıyla mesleğe başlayan Füruzan İkincioğulları, Danıştay Başyardımcılığı, Danıştay Üyeliği, Danıştay Altıncı Daire Başkanlığı görevlerinden sonra 30 Mart 1994 tarihinde Danıştay Başkanlığı'na seçilmiş, 4 Şubat 1998 tarihinde yaş haddinden emekliye ayrılmıştır.

İlk kadın Danıştay üyesi ise Şükran Esmerer'dir.

İLK DEMİRYOLU

Tarihimizde ilk demiryolu, 1854 yılında Osmanlılar döneminde Kahire-İskenderiye arasında ulaşıma açıldı. 211 km'lik Kahire-İskenderiye Demiryolu hattının imtiyazı İngilizlere verilmişti.

Türkiye sınırları içinde kalan ilk demiryolu ise, 23 Eylül 1856 tarihinde İzmir-Aydın arasında döşenen 130 km'lik demiryoludur. Bu yol da İngilizler tarafından yapılmıştı.

Osmanlı Devleti'nin ilk demiryolu yapımına başlaması, Anadolu-Bağdat demiryolunun bir bölümü olan İstanbul-İzmir demiryolunun döşenmesiyle oldu. Bu yol, 1873 yılında bitirildi. Osmanlı Döneminde yapılan demiryollarının 4.136 km'lik bölümü bugünkü milli sınırlarımız içerisinde kaldı.

Cumhuriyet döneminde 1923 yılından itibaren demiryolları devletleştirilmiş ve yeni hatlar oluşturulmuştur. Türkiye sınırları içinde 1923 yılı itibarı ile 4559 km olan demiryolu hattı, 1940 yılına kadar gerçekleştirilen çalışmalarla 8637 km'ye ulaşmıştır.

İLK DENİZ FENERLERİ

Tarihteki ilk deniz fenerleri, gemilere yol göstermek ve rahat görünmeleri için tepelerde, yamaçlarda yapılmıştır.

Türkiye kıyılarında ilk deniz feneri yapımına, 1856 yılında Kırım Savaşı sırasında başlandı. Kırım Savaşı sırasında Karadeniz'e giden İngiliz ve Fransız savaş gemilerinin Marmara ve Boğazlardan geçişini kolaylaştırmak için çok sayıda fener yapılmıştır. 1856 yılında, Boğazlarda Anadolu ve Rumeli, Karadeniz'de Karaburun, Marmara'da Yeşilköy, Çanakkale'de Çimenlik, Kumkale, Gelibolu fenerleri dikildiler. 1857 yılında da İstanbul Ahırkapı, Çanakkale'de Nara ve Kilitbahir fenerleri yapıldı.

1856 yılında Osmanlı Devleti ile Fransızlar arasında fenerlerin işletilmesi konusunda bir imtiyaz sözleşmesi imzalandı. "Fenerler İdaresi Umumiyesi Müdürlüğü" adı altında yürütülen bu hizmet 01.01.1938 tarihinde 3302 sayılı kanunla satın alınarak Denizbank'a bağlanmıştır. Birçok yönetim ve isim değişikliğinden sonra fenerlerin yönetimi 12 Mayıs 1997'de kurulan "Kıyı Emniyeti ve Gemi Kurtarma İşletmeleri Genel Müdürlüğü"ne bağlanmıştır.

Günümüzde Türkiye'de 400'ün üzerinde deniz feneri vardır ve bunların 50'sinden fazlası İstanbul'da yer almaktadır.

İLK DENİZALTI

Türkiye'de ilk denizaltı gemisi, II. Abdülhamid zamanında yapılmıştır. 1885 yılında İngiltere'den getirilen ilk Türk denizaltısının montajı, 6 Eylül 1886'da II. Abdülhamid zamanında Taşkızak Tersanesi'nde tamamlanmıştır. 1887 Şubat'ında denize indirilebilen bu ilk Türk denizaltısına "Abdülhamid" ismi verilmiştir. Bekleneni tam olarak verememesi üzerine geminin İngiliz mühendisi Garrett apar topar İstanbul'a çağrılmış, dünyanın en mükemmel denizaltı torpidobotunu yapmak üzere çalışmalara başlamıştır.

İkinci denizaltımız ise 1887 Ağustos ayında tamamlanmış, 1888 Ocak ayında Haliç'te denize indirilmiştir. Bu denizaltına da "Abdülmecid" adı verilmişti. Sarayburnu'ndan İzmit'e götürülen denizaltı, gerek seyir, gerekse dalma ve torpido atma denemelerini başarıyla tamamlamıştır. Abdülmecid adlı denizaltımız, dünyada ilk torpido atan denizaltı unvanını kazanmıştır. Buharla çalışan bu ilk denizaltıların ağırlıkları 160 ton, boyları 30.5 metre, genişlikleri ise 3.66 metreydi.

II. Abdülhamid, bu ilk iki denizaltı gemimizin 22 bin sterlin tutan toplam bedelini bizzat kendi cebinden ödemiştir.

İLK DENİZCİLİK OKULU

Türkiye'de denicilik alanında eğitim vermek üzere ilk girişim, Leyli Tüccar Kaptan Mektebi adıyla 5 Aralık 1884 tarihinde Heybeliada'da açılan okul oldu. Bunu 1909 yılında Hamit Naci'nin desteğiyle kurulan ve özel bir okul olan Hususi Ticareti Bahriye Kaptan ve Çarkçı Mektebi izledi.

1928 yılında devletleştirilen bu okul, 3 Haziran 1946'da 4915 Sayılı Yasa ile Münakalat Vekâleti'ne bağlı, güverte ve makine bölümlerinden oluşan, 4 yıllık Yüksek Denizcilik Okulu adıyla yeniden yapılandırıldı.

Okul, sivil kaptanla yüksek düzeyde denizci yetiştirir.

İLK DERGİ

İlk Türk dergisi, "Vakayi-i Tıbbiye" (Tıp Olayları)dir. 1850 yılında yarı Türkçe, yarı Fransızca olarak yayınlanmaya başlanan bu dergi, içinde tıp konusunda yazılar bulunan aylık bir dergiydi. Bu mesleki sağlık dergisi iki seneden fazla yayınını sürdürebildi ve tam 28 sayı çıktı.

Münif Paşa tarafından Temmuz 1862'de "Mecmua-i Fünûn" (Fenler Dergisi) yayınlanmaya başladı. Mecmua-i Fünûn ise 1867 yılına kadar 47 sayı çıkarılabildi. Fizik, kimya, felsefe, ruhbilim, tarih, sosyoloji ve coğrafya gibi konularda makalelere yer verilen bu dergi, Münif Paşa'nın kurduğu Cemiyet-i İlmiye-i Osmaniye adlı derneğin yayın organıdır.

İlk resimli dergi olan "Mir'ât" ise 1862'de üç sayı yayınlanabildi. Mir'ât, Mustafa Refik tarafından çıkarılmıştır.

"Cerîde-i İber-i İntibâh" ve devamı olan "İbretnüma" ile "Ceride-i Askeriye" de ilk çıkan dergilerdendir. Bunlardan sonra pek çok isimde değişik zamanlarda çoğu kısa ömürlü olan çocuk, kadın, musiki gibi çeşitli alanlarda çok sayıda dergi çıkarılmıştır.

İLK ANKET DÜZENLEYEN DERGİ

Ekonomik, siyasi, sosyal, kültürel vb. değişik alanlarda problemleri teşhis etmek ve çözüm yolları üretmek amacıyla zaman zaman anketler düzenlenir. Bu anketler, yüzyüze, postayla yada telefonla düzenlenebileceği gibi gazete ve dergiler kanalıyla da düzenlenebilir.

Türkiye'de okurları arasında ilk anket düzenleyen dergi, Karabet Efendi tarafından 1891 yılında çıkarılmaya başlanan Mektep Dergisi'dir. İlkokul öğrencilerine çeşitli bilgiler veren bir çocuk dergisi olan Mektep Dergisi, 1893 yılından itibaren bu özelliğini değiştirerek edebiyat dergisi oldu.

Cenap Şahabettin, Rıza Tevfik, Hüseyin Cahit Yalçın, Hüseyin Siret, Süleyman Nazif ve Mehmet Rauf gibi devrin meşhur kalemleri, Mektep Dergisi'nin yazarları arasında bulunuyordu.

İLK HABER DERGİSİ

Ülkemizde yayımlanan ilk haber dergisi, 14 Mayıs 1954 tarihinde Metin Toker ve iki ortağı tarafından yayınlanan "Akis" dergisidir. Siyasi, aktüalite dergisi olarak çıkan Akis, Time, L'Express ve Der Spiegel'den esinlenmiştir.

Akis, tarafsızlık ilkesiyle yola çıkmış, fakat bir süre sonra DP'ye muhalif yayınlar yapmaya başlamıştır. Siyasi tarafı ağır basan, iç ve dış politikanın yanında ekonomi konularına da değinen Akis, haftanın ilgi çekici meselelerini de ele alınıştır. Moda, kadın, askeriye, tıp, sinema, sanat, spor ve kültür konularını işleyen Akis Dergisi, ekonomik yetersizlikler nedeniyle 1968 yılında yayınına son vermiştir.

Kılıç Ali'nin oğlu Altemur Kılıç tarafından çıkarılan "Devir Dergisi"; Özcan Ergüder, Ali İhsan Göğüş, Sefa Balcıoğlu ve Orhan Birgit'in 3'er bin lira sermaye koyarak kurduğu "Kim Dergisi" ilk haber dergilerindendir.

İLK KADIN DERGİSİ

Osmanlı kadınları önce gazetelerde, sonra gazetelerin kadın sayfa ve eklerinde, daha sonra da kadın dergilerinde yazı yazmaya başlamışlardır. Bu gazete ve dergilerde yazı yazanlar, genellikle dönemin aydın, bürokrat kesiminin iyi eğitim görmüş kızları ve eşleridir.

İlk kadın dergisi, 1869'da, Terakki Gazetesi'nin 48 sayı olarak çıkardığı, "Terakki-i Muhadderat Dergisi"dir. Haftada bir defa, Pazar günleri neşrolunan bu dergi, kadınları eğitmek ve bilinçlendirmek amacıyla yayınlanmıştır.

İmtiyaz sahibi kadın olan ve yazı kadrosunun tamamı kadınlardan oluşan ilk dergi ise 1886 yılında "Şükûfezar" (Çiçekbahçesi) adıyla çıkarılmıştır.

İlk renkli ve resimli kadın dergisi de, Eylül 1908-Kasım 1909 arasında yayımlanan "Mehasin"dir. Bu dergi, kadınlar için düzenlenmiş konferans metinleri yayımlamıştır.

İlk kadın dergilerinde genel olarak çocuk eğitimi ve terbiyesi, evlilik ve eşler arası münasebet, ev idaresi, çocuk bakımı ve sağlığı, moda gibi konularda yazılara yer verilmiş ve daha çok kadınların ev içinde eğitilmeleri amaçlanmıştır.

İLK KANUN DERGİSİ

Kanunlarla nizamnameleri ihtiva eden kitap ve dergilere, kanun dergisi anlamında "düstur" denirdi.

İlk kanun dergisi, Ahmet Cevdet Paşa tarafından "Düstur" adıyla 1863 yılında çıkarılmıştır. O zamanın devlet matbaası olan Matbaa-i Âmire'de bastırılan bu dergi, resmî dairelere dağıtıldığı gibi satışa da sunulmuştur.

Günümüzde kanunları, nizamları yayınlamak için Resmî Gazete, Tebliğler Dergisi gibi süreli yayın organları çıkarılmaktadır.

İLK MAGAZİN DERGİSİ

Çeşitli konuları, her kesimden okuyanın anlayacağı ve seveceği bir biçimde bol fotoğrafla aktaran periyodik yayımlara magazin dergileri denir. Magazin dergilerinde en basit olaylar, ilgi çekici, çarpıcı başlıklar kullanılarak merak uyandıracak şekilde okuyucuya sunulur.

Ülkemizde yayımlanan ilk magazin dergisi, 1873 yılında çıkan "Cüzdan"dır. 1897'de "Haftalık Malumat", 1908'de "Resimli Kitap", 1909 yılında yayınlanan "Şehbal", ilk önemli magazin dergileridir.

Daha sonraki yıllarda, özellikle 1928'de yeni Türk harflerinin kabulüyle magazin dergiciliğinde büyük gelişme olmuş, Resimli Ay, Yedigün, Ayda Bir, Hayat, İnci ve Süs gibi magazin dergileri çıkarılmıştır.

İLK MİZAH DERGİSİ

İlk mizah dergisi, Teodor Kasap'ın kadroya Namık Kemal'i de alarak 23 Aralık 1869 tarihinde çıkardığı "Diyojen" olmuştur. Aynı zamanda ilk resimli mizah dergisi olan bu dergi, önceleri Fransızca ve Rumca yayınlanmış, 24 Kasım 1870'de de Türkçe olarak çıkmıştır. Daha sonra derginin Ermenice nüshası da çıkmıştır.

Adını, iki bin yıl önce Sinop'ta doğmuş ünlü filozof "Diyojen" den alan dergi, siyasi içerikli yazıları nedeniyle sık sık kapatılmıştır. Son sayılarındaki siyasî içerikli mizah yazıları nedeniyle de 9 Ocak 1873 tarihli 183. sayısından sonra yönetimce yayın hayatına son verildi.

Türkiye'de modern mizahın ilk örneklerinin yayımlandığı dergi, Namık Kemal, Ali Bey, Ebuzziya Tevfik, Nuri Bey, Reşat Bey gibi tanınmış yazarların imzasız yazılarına da yer vermiştir.

Cumhuriyet döneminin ilk siyasi mizah dergisi, 7 Aralık 1922'de Yusuf Ziya Ortaç ile bacanağı Orhan Seyfi Orhon tarafından "Akbaba" adıyla çıkarılmıştır. Bu dergi, 1928 Harf Devrimi'ne kadar yayınını sürdürmüştür. Daha sonra yeniden yayınlanan Akbaba, bazen kesintiye uğrasa da 28 Aralık 1977'ye kadar yayınını sürdürmüştür.

İLK SPOR DERGİSİ

Türk basınında spor konusunda ilk yazı, Servet-i Fünun dergisinin 14 Mart 1891 tarihli nüshasında yayınlanmıştır. Ali Ferruh Bey'in "Eskrim" konusunda hazırlamış olduğu bu yazı, yazılı basında yer alan ilk spor yazısı olmuştur.

Türkiye'de yayınlanan ilk spor dergisi, 1910'da Burhan Felek'in öderliğinde yayınlanan "Futbol"dur. İlk sayıları Türkçe ve Fransızca olarak yayınlanan bu dergi, 28 Eylül 1910 yılında yayın hayatına başlamıştır. İlk spor gazetesi olan Futbol, yayın hayatın sürdürdüğü yedi ay boyunca sporun benimsenmesine, yaygınlaşmasına, gelişmesine ve örgütlenmesine önemli katkılar sağlamıştır.

1911'de ünlü beden eğitimi öğretmeni Selim Sırrı Tarcan'ın çıkardığı "Terbiye ve Oyun", 1913 yılında Cem'i Bey önderliğinde yayınlanan "İdman dergisi", "Sipahi Mecmuası", "Spor Âlemi" ilk spor dergilerindendir. Bu dergilerde başta futbol olmak üzere sporun her dalına ait haberler yer almaktaydı.

İLK DİKİŞ MAKİNESİ

Yurdumuzda ilk dikiş makinesi, 1886 yılında Singer firması tarafından satıldı. İlk dikiş makinesi mağazası, 1904 yılında, ilk dikiş makinesi fabrikası ise 1959'da açıldı.

Türkiye'de bayilik açan ve fatura kesen ilk yabancı şirket, Singer, firması oldu. "Yetkili satıcı" modelini Türkiye'de ilk uygulayan şirketlerden biri yine Singer oldu.

Singer, Türkiye'de kullanma kılavuzunu hazırlayan, yaygın servis hizmeti veren, "garanti kuponu" uygulamasını başlatan, dikiş-nakış konusunda eğitim veren, ilk kurum oldu.

İnsanlık için dikiş alanında pratik kolaylıklar ve seri yapım sağlayan dikiş makinesi ilk olarak Thomas Saint adında bir İngiliz tarafından icat edilmişti.

İLK DOĞALGAZ

Kalorisinin yüksek oluşu ve çevreye zarar vermememsinden dolayı son yıllarda ülkemizde kullanılmaya başlanan doğalgaz, yeraltından çıkan, metan oranı yüksek yanıcı bir gazdır.

Türkiye'de ilk doğal gaz, 1970 yılında Kırklareli'nde Kumrular bölgesinde tespit edilmiştir. Yurdumuzda doğalgaz üretim alanları Trakya ve Güneydoğu Anadolu Bölgesi'nde bulunmaktadır. Ülkemizde ilk doğalgaz, 1976 yılında, bugün Set Çimento Sanayi ve Ticaret Anonim Şirketi adı altında faaliyet gösteren Pınarhisar Çimento Fabrikası'nda kullanılmıştır. Türkiye'de doğalgaz piyasasını düzenlemek üzere ilk şirket, Türkiye Petrolleri Anonim Ortaklığı (TPAO) tarafından, 1974 yılında, Boru Hatları ile Petrol Taşıma Anonim Şirketi (BOTAŞ) adıyla kurulmuştur.

Yurdumuzda Doğal gaz kullanılarak elektrik üretimi ilk kez Hamitabat Doğal Gaz Çevrim Santrali'nde 1985 yılında yerli kaynaklarımızla gerçekleştirilmiştir.

Doğalgazın sanayi ve şehir şebekelerinde kullanımına 1984 yılında başlandı. Doğalgaz şehiriçi evsel ve ticari olarak ilk kez 1988'de Ankara'da kullanıldı. Doğalgazın sanayide kullanımına ise Ağustos 1989'da başlanmıştır. İstanbul'da ise abonelere ilk doğal gaz 1992 Ocak ayında verildi. 1992'den sonra Bursa'da, Eskişehir'de, İzmit'te ve diğer Anadolu şehirlerinde doğalgaz pazarı genişledi.

ARAÇLARDA İLK LPG KULLANIMI

Türkiye"de alternatif yakıt olarak LPG otogaz, 1995 yılında kullanılmaya başlandı. Benzin fiyatlarının yüksek olması, LPG otogazın benzine göre % 50 daha ucuz olması, benzinli araçların kolay dönüşümü, çok sayıda LPG otogaz istasyonunun açılması gibi nedenlerle LPG'li araç kullanımına talep artmıştır. Günümüzde 3 milyonu geçen binek aracında LPG otogaz kullanılmaktadır. 8,000 adedi aşan LPG otogaz istasyonu bulunmaktadır.

100 yılı aşan bir geçmişi olmasına rağmen CNG otodoğalgaz ise yeterli doğalgaz dağıtım şebekesi olmadığı için Türkiye'de öne çıkamadı. Türkiye'nin ilk CNG istasyonu, İstanbul Anadolu yakasında İGDAŞ'ın da desteği ile 2000 yılında faaliyete geçti.

İLK DOĞUM KLİNİĞİ

Türkiye'de doğumla ilgili ilk dersler, 1826 yılında İstanbul'da açılan Tıphane'de verilmeye başlanmıştı. Tıptaki gelişmelere paralel olarak 1843'te açılan Mekteb-i Tıbbiye-i Şâhâne'de teorik olarak ebelik dersleri verildi.

Türkiye'de ilk doğum kliniği, 1892 yılında İstanbul Demirkapı'da açıldı. Özel bir klinik olan ve "Serîriyât-ı Vilâdiye" (Çocuk Kliniği) adı verilen bu klinikte, ebelik ve kadın hastalıkları bilimleri, hem gelen hastalar üzerinde uygulanır, hem de öğrencilere öğretilirdi.

Doğum ve Kadın Hastalıkları Bilimi öğreniminin temeli ise, 1909'da Almanya'da ihtisasını yapan Dr. Kenan Tevfik'in, Serîriyât-ı Nisâiye kliniğinin, önce laboratuar şefliğine, sonra müderrisliğine getirilmesiyle atılmıştır.

İLK DOLMUŞ

Türkiye'de dolmuş taşımacılığı ilk olarak 1940-41 yıllarında İstanbul'da başlamıştır. II. Dünya Savaşı sırasında dışarıdan taşıt alınamayınca, devletin ulaşım yatırımları yetersiz gelmişti. Otobüs ve tramvay taşımacılığı yapan İETT'nin ihtiyaca cevap verememesi üzerine İstanbul şoförleri, dolmuşlarla yolcu taşımaya başladılar.

İstanbul Belediyesi, dolmuşçulara karşı savaş açtı, ancak etkili olamadı. Önceleri otomobillerin, zamanla minibüslerin kullanıldığı dolmuş taşımacılığı, İstanbul halkının rağbet ettiği bir ulaşım aracı oldu. Halkın talebi üzerine dolmuş taşımacılığı zamanla Anadolu şehirlerinde de yayıldı.

TÜRKİYE'NİN İLK DÖRDÜZLERİ

Türkiye'nin ilk dördüzleri, 22 Temmuz 1950 tarihinde İzmir'de Behçet Uz Çocuk Hastanesi'nde doğdu. Dönemin Başbakanı Adnan Menderes'in sahip çıktığı çocukların ismini de hastanenin Nisaiye Şefi Dr. Hikmet Aladağ verdi.

Biri erkek üçü kız olan çocukların adları sırasıyla; Hürriyet, Adalet, Uhuvvet ve Müsavat kondu. 11 yaşına kadar devlet tarafından büyütülen dördüzler, 27 Mayıs 1960 ihtilalından sonra ailesine teslim edildi

İLK ECZACILIK OKULU

Türkiye'de eczacılık öğrenimine, 14 Mayıs 1839 tarihinde Sultan II. Mahmut tarafından Galatasaray'da kurulan Mekteb-i Tıbbiye içinde "Eczacı Sınıfı"nın açılması ile başlandı. Ordunun o günkü eczacı ihtiyacını karşılamak için kurulan ve eğitim süresi üç yıl olan bu okulda eğitim, 1870 yılına kadar Fransızca olarak yapılmıştır. İlk askeri eczacı, 1842 yılında diploma aldı. İlk diplomalı eczacı, Ahmet Mustafa Efendi'dir.

1 Mart 1867 tarihinde Askeri tıbbiye binasının bir bölümünde Mekteb-i Tıbbiye-i Mülkiye'nin içinde bir Eczacı sınıfı açılmıştır. Buradan ilk sivil eczacı, 1872 yılında mezun oldu.

Eczacılık okuluna kaydolan ilk bayan eczacı, 1924 yılında 226 numarayla kayıt yaptıran "Ayşe Saadet" Hanım'dır. Ancak 1.5 ay sonra okuldan ayrılmıştır. 1927 yılında kayıt olan "Fatma Belkıs hanım", "Fatma Bedriye hanım","Ayşe Semra hanım" 1930 yılında mezun olan ilk bayan eczacılardır.

İLK ECZANE

Eczacılık mesleğinin bağımsızlığa kavuşması ile birlikte 1800 yıllarından itibaren İstanbul'da da özel eczaneler açılmaya başlanmıştır.

Yurdumuzda ilk eczane, l802 yılında İstanbul Taksim Caddesi'nde açıldı. Bu eczane 1925 yılında Eczacı Artin Rapık Efendi tarafından devralınmıştır.

Türk Eczacıları, 1880 yılından itibaren İstanbul Avrupa yakasında özel eczane açmaya başlamışlardır. İlk Türk Eczanesi, 1880 yılında Halil Hamdi tarafından "Eczane-i Hamdi" adıyla Zeyrek'te açıldı.

Türkiye'de eczacılık yapan ilk kadın ise Rukiye Kanat Arran'dır.

İLK ELÇİ

Türk tarihinde ilk elçinin, Uygurlar zamanında görev aldığı sanılmaktadır.

Osmanlıların ilk zamanlarında Memlük, Bizans, Karakoyunlu, Akkoyunlu devletleri, Karaman, Germiyan, Candaroğulları beylikleri ve Timur İmparatorluğu gibi devletlerle dostane ve hasmane olmak üzere iki taraf arasında zaman zaman elçiler gidip gelmişti. Çelebi Mehmet, Gelibolu ve Eğriboz savaşları sonunda, yani 1417'de yapılan bir anlaşmanın eşini, bir elçi ile Venedik'e gönderdi. Ancak, bu elçinin adı bilinmemektedir.

Türkiye'de daimi elçi bulunduran ilk devlet, Venedikliler olmuştur. İstanbul'un fethini müteakip Türkiye'de "balyos" ismiyle daimi elçi bulunduran Venedik Cumhuriyeti, diğer yabancı devletlere bu konuda öncülük etmiştir.

Osmanlılar, gerek İslam devletlerine ve gerekse münasebette bulunduğu Hıristiyan devletlerine ara sıra elçi göndermişse de bunlar belli bir süre için ve belli konularda görevlendirilmiş elçilerdi. Avrupa ahvaline vakıf olmak için büyük devlet merkezlerine geçici olarak ilk kez elçiler, 1720 yılında Lale Devri'nde Sadrazam Nevşehirli Damat İbrahim Paşa zamanında gönderilmeye başlanmış, ilk olarak Yirmisekiz Çelebi Mehmet Efendi Paris'e elçi olarak gönderilmiştir.

İlk sürekli elçilikler ise III. Selim zamanında kurdurulmuştur. III. Selim zamanında 1794 yılında büyük devletler nezdine üçer sene kalmak üzere birer elçi gönderilmesi kararı alınmıştır. İlk sürekli elçimiz, Londra'ya atanan Yusuf Agâh Efendi'dir. Bunu, Viyana'ya gönderilen İbrahim Afif Efendi; Paris'e gönderilen Es-seyyid Ali Efendi ile Berlin'e gönderilen Ali Aziz Efendi izledi.

II. Mahmut zamanında aksayan sürekli elçi gönderme işi, daha sonra düzene sokuldu. 1834 yılından sonra da, "fevkalade büyükelçi, büyükelçi, orta elçi" adlarıyla Berlin, Londra, Petersburg, Tahran ve Viyana'da yeni elçilikler kuruldu.

İLK ELEKTRİK AYDINLATMASI

Türkiye'de ilk elektrikle aydınlatma olayı, 1905 yılında Mersin'in Tarsus ilçesinde gerçekleştirildi. 15 Eylül 1902 tarihinde Mersin'in Tarsus ilçesinde kurulan ve 1905 yılında işletmeye açılan 2 kw'lık bir elektrik santraliyle şehrin bir bölümü ve bazı konakların aydınlatılması gerçekleştirilmiştir.

Türkiye'de elektrikle aydınlanan ilk konutlar, Tarsus'ta Müftüzade Sadık Paşa ve Ramazanoğullarından Sorgu Hâkimi Yakup Efendi'nin evleri olmuştur. Daha sonra Tarsus'ta bulunan diğer evlere de elektrik verilmiş, sokaklar elektrikle aydınlatılmıştır.

İstanbul'a ise ilk kez 1914 yılında elektrik verildi. 1914 yılından sonra İstanbul'un Cadde, sokak, park, konak, yalı, ev gibi açık ve kapalı mekânları elektrikle aydınlatılmaya başlandı.

İLK ELEKTRİK SANTRALİ

Türkiye'de ilk elektrik üretimi, 15 Eylül 1902 yılında Mersin'in Tarsus ilçesinde gerçekleştirilmiştir. Tarsus'a 1800 metre uzaklıkta 'Bentbaşı' mevkiinde bulunan Berdan Nehri üzerinde kurulan santral, su değirmeniyle çalışıyordu.

Avusturya'dan kaçarak Tarsus'a yerleşip dönemin Tarsus Belediyesi'nde çalışan ve Tarsusluların "Torfıl" dedikleri Dörfler isimli Avusturyalı bir kişi tarafından kurulan bu santral, daha sonra hidroelektrik santraline çevrilmiş ve gücü 60 kw'a çıkartılmıştır.

1905 yılında işletmeye açılan bu santral, Tarsus sokaklarını ve bazı konutları aydınlatmıştır. Daha sonraki yıllarda barajlar ve nehirler üzerinde kurulan hidroelektrik santralleri ülkemizin enerji ihtiyacının önemli bir kısmını karşılar hale geldi.

İLK ELEKTRONİK HESAP MAKİNESİ

1960'lı yıllara kadar yurdumuzda elektronik hesap makinesi kullanılmıyordu. İlk elektronik hesap makinesi, 1960 yılı Eylül ayının son günü karayollarımızdaki çalışmaların modernize edilmesi amacıyla ülkemize getirilmiş ve bu araç ilk olarak, Karayolları Genel Müdürlüğü'nde kullanılmıştır. "IBM 650 Model I" adını taşıyan bu sistem o tarihlerde sadece Türkiye'nin değil, Balkanlar ve Ortadoğu'nun da ilk elektronik hesap makinesi olma özelliğini taşıyordu.

Bazıları tarafından Türkiye'nin ilk bilgisayarı olarak da nitelendirilen IBM 650, Karayolları Genel Müdürlüğü'nde 1978 yılına kadar, 18 yıl boyunca hizmet verdi.

Üniversitelerimizde ilk elektronik hesap makinesi ise 1964 yılında, İstanbul Teknik Üniversitesi'nde kuruldu.

İLK JEOTERMAL ELEKTRİK SANTRALİ

Jeotermal enerji kaynakları bakımından çok zengin olan ülkemizde bu kaynaklar, yeterince değerlendirilmemektedir. Ülkemizde çok miktarda kaynarca ve su buharının çıktığı yer vardır. Bunlardan elde edilen su buharının buhar türbinlerini çalıştırması ile elektrik enerjisi elde edilir.

Ülkemizde ilk jeotermal elektrik santrali, 1984 Şubat ayında, Denizli-Kızıldere'de açıldı. 147,2 oC sıcaklıktaki buharla çalışan Kızıldere Santrali, 20,4 MW güce sahiptir. Aydın-Germencik ve Nevşehir-Acıgöl, İzmir-Balçova, İzmir- Seferihisar, Kütahya-Simav, Ankara-Kızılcahamam elektrik üretimine uygun alanlardır.

İLK RÜZGÂR ENERJİSİ SANTRALİ

Rüzgâr enerjisi, tükenmeyen, yakıt ihtiyacı olmayan, çevresel etkileri en az olan emniyetli, gelecek nesilleri etkilemeyen bir enerji kaynağıdır. Bazı dezavantajları olsa da sürekli rüzgâr alan yerlerde 1980'li yılların ortalarında Elektrik İşleri Etüt İdaresi çalışmalara başlamıştır.

Türkiye'nin ilk rüzgâr enerjisi santrali, 1998 yılında İzmir'in Çeşme-Germiyan bölgesinde kurulmuştur. Bu santral, Demirer Holding tarafından yap-işlet-devret modeliyle kurulmuştur. 3 adet türbinden oluşan tesisin kurulu gücü 17.4 MW'dır.

Türkiye, rüzgâr potansiyeli yüksek ülkeler arasında yer alıyor. Rüzgar enerjisine verilen resmi önemin kanıtı olarak ilk ciddi girişim ise ancak 2005'de "Yenilenebilir Enerji Kaynakları Kanunu'nun çıkarılmasından sonra Bandırma, Çeşme yarımadası, Manisa, Hatay ve Çanakkale'de yeni santraller kurulmuştur. Bu santrallerin gücü, 150 MW'ı bulmaktadır.

İLK EŞOFMAN

Türkiye'ye eşofmanı ilk getiren ve onu ilk giyen sporcu, Ömer Besim Koşalay'dır. Türk atletizm tarihinin en önemli isimlerinden biri olan Ömer Besim Koşalay, 1924 yılında Burhan Felek başkanlığında katıldığı Paris Olimpiyatları'nda Amerikalı atletlerin sırtında gördüğü eşofmanların faydasına inanıp Paris dönüşü Amerika'ya 10 dolar gönderip eşofman sipariş etmiştir.

Koşalay, Türkiye'ye ilk kez 1924 yılında eşofman getirdiği için her yıl adına İstanbul'da "Kırmızı Eşofman Kros Yarışmaları" düzenleniyor.

İLK FESTİVAL

Festivaller; ilçe, şehir, bölge, ulusal veya uluslararası düzeyde düzenlenen son derece etkili organizasyonlardır. Kültür, sanat, folklor gibi çok çeşitli konularda düzenlenen festivaller, geniş halk kitlesinin ilgisini belirli bir bölgeye çekerek o yöreyi cazibe merkezi haline getirmeyi amaçlamaktadır.

Ülkemizde düzenlenen ilk festival, 1931'de İstanbul'da toplanan İkinci Balkan Konferansı çerçevesinde Beylerbeyi Sarayı'nda düzenlenen "Balkan Oyunları Festivali"dir. İlk tiyatro festivali ise Devlet Tiyatroları tarafından 1959 yılının Mayıs ayında Antalya Aspendos'ta düzenlendi.

Günümüzde birçok il ve ilçede geleneksel ürünleri tanıtmak, kültür ve sanat faaliyetlerini canlı tutmak için festivaller düzenlenmektedir.

İLK FIKRA YAZARLIĞI

Türk edebiyatında fıkra türünde ilk örnekler, Tanzimat sonrası verilmeye başlandı. Günlük olay ve memleket meselelerini ele alan kısa köşe yazıları olarak tanımlanan fıkralar, özellikle 1908 yılından sonra gazetelerde ve dergilerde yer almaya başladı.

İlk fıkra yazarı, Ahmet Rasim'dir. Yine Şinasi, Cenap Şahabeddin ve Namık Kemal'in bu türdeki kısa yazıları, ilk fıkracılık örnekleri sayılır.

İLK FİLM FESTİVALİ

İlk yerli sinema yarışması, 1948'de Yerli Film Yapanlar Cemiyeti tarafından "Yerli Film Müsabakası" adıyla düzenlendi. "Unutulan Sır", en başarılı film seçildi. En iyi kadın oyuncu ödülünü Nevin Aypar, en iyi erkek oyuncu ödülünü Kadri Erdoğan aldı.

İlk Film Festivali ise "Birinci Türk Film Festivali" adıyla 1953 yılında Türk Film Dostları Derneği tarafından düzenlendi. Daha sonraki yıllarda İzmir'de, Antalya'da, İstanbul'da ve yurdumuzun değişik illerinde ve ilçelerinde film festivalleri düzenlendi.

İLK YERLİ FİLM

Türk sinema tarihinin ilk yerli filmi, Fuat Uzkınay'ın 14 Kasım 1914'te çektiği "Ayastefanos'taki Rus Anıtı'nın Yıkılışı" adlı 150 metrelik belgeseldir.

Türkiye'de ilk film, Osmanlıların Almanya'nın yanında Rusya'ya resmen savaş açarak Birinci Dünya Savaşı'na girmesinden üç gün sonra çevrildi. İlk savaş günlerinin coşkusuna kapılan bir topluluk, İstanbul yakınlarındaki Ayastefanos (Yeşilköy')'de bulunan bir Rus anıtını yıktı. Ayastefanos'daki (Yeşllköy) Rus anıtı yıkılırken yedek subay olarak askerliğini yapan Fuat Uzkınay, 14 Kasım 1914'te bu tarihi olayı kamerasıyla görüntüledi. Hiçbir kopyası günümüze ulaşmayan bu belgesel, Türk sinema tarihinin ilk filmi oldu.

İLK RENKLİ FİLM

Türk sinema tarihinin ilk renkli filmi, 1953 yapımı, yönetmenliğini Muhsin Ertuğrul'un üstlendiği "Halıcı Kız"dır. Aynı zamanda Türk sinema tarihinin ilk sponsor desteğiyle çekilmiş filmi olan bu filmin çekimleri, İstanbul, Bursa ve Isparta'da, laboratuar ve kopya baskı işlemleri Almanya'da Bavaria stüdyolarında, dublaj ve seslendirme işlemleri İstanbul İpek Film stüdyolarında yapılmıştır.

Isparta'da bir halı dokuma tezgâhında çalışan, patronun oğlu tarafından yoldan çıkarılan, kurtuluşu İstanbul'da arayan, her girdiği yerde erkeklerin ilgisini çeken güzel Gül'ün hikâyesinin anlatıldığı filmin müziğini, Hasan Ferit Anlar bestelemiştir. Filmin, fotoğraf yönetmenliğini, Ahmet Cezmi Ar yapmıştı.

İçinde renkli bir parça bulunan ilk Türk filmi de, 1949'da çevrilen "Çıldıran Kadın"dır. Filmdeki renkli parçada, İstanbul'daki Kızkulesi'nin çok az süren bir görüntüsü yer almıştı.

İLK FOTOĞRAF STÜDYOSU

Yurdumuzda ilk fotoğraf stüdyosu, 1856 yılında İstanbul'da Beyoğlu'nda Alman kimyager Rabach tarafından kurulmuştur. Ermeni asıllı Abdullah Biraderler adında üç kardeşi yanına alıp çırak olarak çalıştıran Rabach, 1858 yılında ülkesine dönerken stüdyosunu bu üç kardeşe devretmiştir. Böylece Osmanlı Devleti'nde yerli fotoğrafçılar dönemi başlamıştır. Üç kardeş Sultan Abdülmecid ve Sultan Abdülhamid'in resimlerini çekmişlerdir.

Osmanlı Devleti'nde ilk profesyonel stüdyoyu, Abdullah biraderlerin en büyüğü olan ve daha sonra Müslüman olarak Abdullah Şükrü adını alan Vincent Abdullah kurmuştur. Daha sonraki yıllarda yerli ve yabancı birçok kimse fotoğraf stüdyosu kurarak Osmanlı Devleti'nde dikkat çekici ne varsa resmini çekmişlerdir.

İlk Türk fotoğraf stüdyosu ise 1917 yılında Konya'da Hasan Behçet tarafından açıldı. İlk Türk fotoğraf stüdyosunun sahibi olan Hasan Behçet'in ustası Ermeni Garabet Kirkor Solakian'dı. Hasan Behçet, stüdyoyu vefat edinceye kadar işletti.

İLK FUAR

Türkler, çok eski çağlardan beri alışverişlerini belirli günlerde açılan panayır denilen bölgesel pazarlarda yaparlardı. Türkler, Anadolu'ya geldikten sonra da çeşitli şehir ve kasabalarda bilhassa yaz aylarında alışveriş yapmak için panayırlar açmışlardır.

Panayırların millî sayılabilecek nitelikteki ilki, Vali Kâzım Dirik'in çabasıyla 1927 yılında İzmir'de kuruldu. Bu panayır, 1933'te bugünkü fuarın içindeki Kültür Parkı'nın bulunduğu yere taşındı. Daha sonra burası düzenlendi ve 1947 yılında Avrupa'da açılan fuarlar örnek alınarak İzmir Panayırı'nın adı, İzmir Enternasyonal Fuarı olarak değiştirildi.

Böylece uluslararası fuar niteliği kazanan ve her yıl 20 Ağustos-20 Eylül günleri arasında açılan bu fuar, ilk fuarımız olmuştur.

Günümüzde değişik şehirlerde özel firmalarca kitap, otomobil ve mobilya gibi değişik sektörlerde fuarlar düzenlenmektedir.

İLK FUTBOL

Türkiye'de futbol ilk defa 19. yüzyılın sonlarında oynanmaya başlandı. İstanbul ve İzmir'de bulunan İngilizlerin kendi aralarında takım kurarak oynamaya başladıkları bu oyun, Rum ve Ermeni azınlıkların da ilgisini çekti. Türk gençleri ilk zamanlar bu spora pek ilgi duymadılar.

Türkiye'de ilk kez 1890 yılında İzmir'in Bornova'sında oynanan ilk futbol karşılaşmasının oyuncularının hepsi de, Bornova'da alım-satım işleriyle uğraşan İngilizlerdi.

İlk zamanlar yabancılar ve azınlıklar tarafından oynanan futbol, zamanla Türkler tarafından da oynanan ve beğenilen bir spor olmuştur. Profesyonel anlamda "İlk Türk Futbolcusu", Fuad Hüsnü Kayacan'dır. Bunu Galatasaraylı Ali Sami Yen, Altınordulu Raşit Aydınoğlu, Fenerbahçeli Nasuhi Esat Baydar, Said Selahattin Cihanoğlu ve Galip Kulaksızoğlu beyler takip etmiştir.

İLK FUTBOL KULÜBÜ

Yurdumuzda kurulan ilk kulüp, 1899 yılında İngilizler tarafından kurulan "Siyah Çoraplılar Futbol Kulübü" olmuş, fakat hemen kapatılmıştı. Bunu yine İngilizlerin 1902 yılında kurduğu Kadıköy Futbol Kulübü'nün açılması takip etmişti. James Lafonten tarafından kurulan Kadıköy Kulübü'nün ardından yine İngilizler Moda, Rumlar da Elpis, İzmir'de Rumlar Panionios ve Aporlon, Ermeniler Dork kulüplerini açtılar.

Türkiye'nin yabancı uyruklu ilk ünlü futbolcuları, Lafonten, Komber Çeksin, Ceymis Vital, azınlıklardan da Tahtaperde Aleko ve Semiramis Efendi idi.

Türkiye'nin ilk futbol takımı ise 1905 yılında Ali Sami Yen tarafından Galatasaray Lisesi beşinci sınıf öğrencilerinden kurulan Galatasaray'dır. Bu takımı 1907'de Kadıköylü gençlerin kurduğu Fenerbahçe, Vefa Lisesi öğrencilerinin kurduğu Vefa Kulübü izledi.

Türkiye'nin ilk bayan futbol takımı, Dostlukspor adıyla kurulmuştur. İlk kadın hakem Lale Orta, bu takımda kaleci ve kaptan olarak futbol oynamıştır.

İLK FUTBOL FEDERASYONU

İlk futbol federasyonu, Millî Mücadele'den sonra 1923 yılında kuruldu. "Türkiye İdman Cemiyetleri İttifakı" adıyla kurulan bu federasyon, aynı yıl Milletlerarası Futbol Federasyonu (FİFA) tarafından kabul edilmiştir. Futbol Federasyonu'nun ilk başkanlığına Fuat Hüsnü Kayacan seçilmişti.

Yurdumuzda ilk milli futbol karşılaşması, 26 Ekim 1923 günü İstanbul'da gerçekleşti. Taksim Alanı'nda Romanya ile yaptığımız bu maç, 2-2 berabere bitmişti.

İLK FUTBOL LİGİ

Türkiye'de ilk futbol ligi, James Lafonten tarafından 1904 yılında İstanbul'da kuruldu. İlk lige katılan takımlar Elpis, İmojen, Kadıköy ve Moda'dır. İlk futbol ligini kazanan takım da İmojen'dir.

Daha sonraki senelerde liglere 1905 yılında Galatasaray ve 1907 yılında Fenerbahçe de katıldı. Bu lig maçlarında ilk şampiyon olan Türk takımı Galatasaray olmuştu (1908-1909).

İLK NAKLEN FUTBOL MAÇI

Ülkemizde ilk naklen futbol maçı yayını, 20 Temmuz 1934 tarihinde Kadıköy Fenerbahçe Standı'ndan gerçekleştirildi. Fenerbahçe ve Avusturya'nın WAC takımları arasında yapılan bu maç, Spiker Eşref Şefik'in esprili tarzıyla ve usta anlatımıyla Radyodan naklen yayınlandı.

İLK GAZETE

Türkiye'de ilk gazeteler yabancılar tarafından çıkarılmıştır. Yurdumuzda ilk gazete, 1797 yılında İstanbul'da Fransız Büyükelçiliği tarafından "Gazette Française de Constantinople" adıyla çıkarıldı.

İkinci gazete ise 1824 yılında Charles Tricon tarafından "Smyrnee" yani "İzmirli" adıyla çıkarılmıştır. Günlük olarak yayınlanan ve bir süre sonra iki sahip değiştiren gazete, daha sonra "Spectateur Oriental" (Doğu Gözcüsü ya da Seyircisi) adını aldı ve sonunda Aleksandr Blac adlı bir Fransıza devredildi. Fransız Konsolosluğu'nun çeşitli baskıları sonucu 1827'de kapanan gazete, bu kez yine Aleksandr Blac tarafından 1828 yılı başında "Kuriye de Zimirin" (İzmir Postası) adıyla haftalık olarak yayınını sürdürdü.

İLK ÖZEL GAZETE

Türkiye'de yayınlanan ilk özel gazete, 1840 Ağustosunda William Churchill adlı bir İngiliz tarafından çıkarılan Ceride-i Havadis'tir. İlk başlarda 10 günde bir yayınlanan gazete, sonradan haftalık olarak yayınlandı. Devletten yardım gördüğünden, yarı resmi bir nitelik kazanan Ceride-i Havadis'in adı, 25 Eylül 1864'te "Ruzname-i Ceride-i Havadis" olarak değiştirildi. 1864 yılında kapanan bu gazete, yayınlandığı sürede 1212 sayı çıkmıştı.

Türkler tarafından çıkarılan ilk özel gazete, 21 Ekim 1860 günü çıkmaya başlayan Tercüman-ı Ahval'dir. Sahibi Çapanoğlu Agah Efendi, başyazarı Şinasi olan bu gazete, ilk zamanlar haftada bir, sonra üç, sonra Cuma hariç her gün yayınlandı. Bu gazete, bir haber gazetesi olmaktan ziyade, hükümet tenkidine kadar bugünkü gazetecilikte görülen pek çok şeyin başlangıcını oluşturan konulara yer vermiştir. Tercüman-ı Ahval, 1866 yılında kapandı.

İlk Türk özel gazetesi olan Agâh Efendi'nin Tercüman-ı Ahval'i ile Ceride-i Havadis arasında başlayan çekişmeler, Türk basınında ilk tartışma örneklerini oluşturur.

İLK RESMÎ GAZETE

İlk Resmî Gazete, 1 Kasım 1831'de İstanbul'da Sultan Mahmud'un emriyle yayınlanan "Takvim-i Vekayi"dir. Sultan İkinci Mahmud, bu ismi bizzat kendisi vermiş ve "açık bir lisanla" yazılması için emir vermiştir. Esat Efendi sorumluluğunda çıkarılan bu gazete, ilk başlarda hem resmî, hem de özel haberlere yer verirken, daha sonra yalnız resmî haberleri yazdı.

Türkçenin yanında; Arapça, Fransızca, Ermenice ve Rumca da yayınlanan Takvim-i Vekayi'nin yayınlanması için İstanbul'da Takvimhane Matbaası kurulmuştur.

Haftada bir defa basılan ve bütün vükelâ, bilginler, emirler ile yüksek memurlara, taşradaki ayanlara ve yabancı devlet sefirlerine gönderilen Takvim-i Vekâyi, Osmanlı Devleti'nin resmen ortadan kalkışına kadar yayınlandı. 4 Kasım 1922 tarihinde 4068. sayısından sonra TBMM Hükümeti tarafından "Resmi Ceride" adıyla çıkmaya başladı.

Günümüzde "Resmi Gazete" olarak yayınını sürdürüyor.

İLK RESİMLİ GAZETE

İlk resimli gazete, "Âyine-i Vatan"dır. İlkel bir baskı tekniğiyle yayınlandığı için, pek ilgi görmeyen Âyine-i Vatan, 14 Ocak 1866 yılında Eğribozlu Mehmet Arif Bey tarafından millî düşünceyi halka benimsetmek amacıyla çıkarılmıştır. Bu gazete daha sonra "Vatan" adıyla resimsiz olarak yayınlandı.

Resimli yayın konusunda ilk önemli adım, Ebuzziya Matbaası tarafından atılmıştır. Ebuzziya Tevfik, Şinasi'nin ölümüyle kapanmış olan gazeteyi Tasvir-i Efkâr adıyla yeniden açmış, bu gazeteyle fotoğraflı gazeteciliğin temellerini atmıştır.

İLK TÜRK GAZETECİSİ

İlk Türk gazetecisi, Çapanoğlu Agâh Efendi'dir. Agâh Efendi, Türkler tarafından çıkarılan ilk özel gazete olan "Tercüman-ı Ahval"i yayınlamıştır. 21 Ekim 1860'ta neşredilen Tercüman-ı Ahval, ilk zamanlar haftada bir, sonra üç, sonra Cuma hariç her gün yayınlanmıştır.

Başyazarı Şinasi olan bu gazete, bir haber gazetesi olmaktan çok, hükümet tenkidine kadar bugünkü gazetecilikte görülen pek çok konuya sayfalarında yer vermiştir. İki yıl sonra Şinasi, gazeteden ayrıldı, ancak Agâh Efendi, tam 6 yıl aralıksız gazetesini çıkarmayı başardı. Ancak siyasi şartlar ve basında giderek artan rekabet karşısında 11 Mart 1866'da yayın hayatına son verdi.

Şinasi ve Agâh Efendi, bir ölçüde Türk gazeteciliğini kurmuş sayılabilirler.

ÖLDÜRÜLEN İLK GAZETECİLER

II. Meşrutiyet döneminde gazeteciler üzerinde ağır bir baskı havası oluşturuldu. Bu dönemde dört gazeteci öldürüldü, katilleri yakalanamadı.

Basın tarihimizde öldürülen ilk gazeteci, Serbesti Gazetesi başyazarı Hasan Fehmi'dir. Yazılarında İttihatçıları sürekli eleştiren Hasan Fehmi, 5 Nisan 1909'da Galata Köprüsü'nden geçerken kurşunlanarak öldürülmüştür. Fehmi'nin öldürülmesi üzerine İstanbul Üniversitesi öğrencileri büyük bir gösteri düzenlemişler, Sadrazam'la görüşerek katilin derhal bulunarak cezalandırılmasını istemişlerdir.

Öldürülen ikinci gazeteci henüz 26 yaşında olan ve Sadâyı Millet'in başyazarlığını yapan Ahmet Samim'dir. Ahmet Samim, 9 Haziran 1909'da Bahçekapı'da vurularak öldürülmüştür. 1911 yılında Mizan ve Serbesti yazarı Zeki Bey vurularak ve Hasan Tahsin de boğularak katledilmişlerdir.

Cumhuriyet döneminde de Abdi İpekçi, Muammer Aksoy, Uğur Mumcu gibi gazeteciler öldürülmüşlerdir

İLK GAZOZ

Yurdumuza ilk Gazoz, 1890 yıllarında yabancılar ve azınlıklar tarafından yurt dışından getirildi. Gazoza halkın büyük ilgi gösterdiğini fark eden Niğdeli Rum işadamı Aleksandr Mısırlıoğlu, Fransa'ya giderek gazoz yapma makinelerini satın aldı ve ülkemize getirdi.

Gazoz yapma haklarını da satın alan Aleksandr Mısırlıoğlu, Ligor Bazlamacıoğlu ve Leon Şar adlı ortaklarıyla Karaköy'de ilk gazoz imalathanesini kurdu. İlk gazoz, "Mısırlıoğlu" adıyla satışa çıkarıldı. Bunu, Hasanbey, Hürriyet (1908), Neptün (1917) vb. gazozlar takip etti.

Cumhuriyet döneminde ilk gazoz, 1930 yılı Mayıs ayında Mehmet Hakkı Erbak tarafından Nilüfer Gazoz Fabrikası kurularak "Nilüfer" markası ile üretilmiştir. 1931'de Mehmet Hakkı Bey'in oğlu Nuri Erbak, Uludağ Gazoz'un orijinal formülünü bulmuş ve Uludağ gazozunu piyasaya sürmüştür. 1930'lu yıllarda Ankara, Olimpos, Çamlıca gibi isimler altında değişik markalarda gazozlar üretilmiş ve satılmıştır.

Türkiye'de ilk diyet gazoz da 1985 yılında Uludağ firması tarafından üretilmiştir.

İLK GECEKONDU

Türkiye'de ilk gecekondular, İkinci Dünya Savaşı'nın sonlarına doğru, 1945 yılında görüldü. İkinci Dünya Savaşı'ndan sonra işsizlik sorunu ortaya çıkmıştı. İşsizlik sorunu büyük şehirlere iç göç akını başlattı. Büyük şehirlere göç edenlerin ev bulup oturma güçlüğü çekmeleri, gecekondu sorununun ortaya çıkmasına yol açtı. Belediyelerden izinsiz yapılan veya birkaç gecede kurulup çatılıveren evcikler olan gecekondular, ilk kez İstanbul, Ankara ve İzmir gibi büyük illerde yapıldı.

1945-1950'lerde sadece Ankara, İstanbul, İzmir gibi birkaç büyük şehrimizin sorunu olan gecekondu yerleşimleri, günümüzde tüm şehirlerimizin hatta ilçelerimizin önemli bir sorunu olarak görülmektedir. Ülkemizin doğusunda, batısında, kuzeyinde ve güneyinde bu sorundan etkilenmeyen yöremiz kalmamıştır.

İLK GEMİ

Türklerde ilk gemi ve gemicilik faaliyetleri, 1071 Malazgirt Zaferi'nden sonra Anadolu'yu fetih ve yurt edinmeleriyle başlar. Anadolu Selçukluları zamanında Akdeniz, Ege ve Karadeniz sahillerine ulaşan devlet sınırlarını korumak ve ticareti geliştirmek amacıyla gemi yapımına önem verilmiştir. Çaka Beyliği, denizcilikle uğraşan, gemi yapan ilk Türk beyliği olmuştur. Daha sonra Saruhan, Karesi, Aydın, Menteşe beylikleriyle, Karadeniz kıyılarındaki Candaroğulları küçük teknelerden oluşan deniz kuvveti meydana getirmişlerdir.

Osmanlılar da ilk başlarda Orhan Bey döneminde Karesioğulları'nın gemilerinden faydalanarak Rumeli'ye geçmişlerdir. Osmanlılar döneminde ilk tersaneler Edincik'te ve Bizanslılardan alınan İzmit ile Körfez başlangıcındaki Karamürsel'de kurulmuş ve buralarda yeni gemiler yapılmıştır. Ayrıca Anadolu'nun batı ve güney-batı kıyılarında İzmir, Çeşme, Alanya ve Antalya'da da tersane veyahut kalafat ve tamir için çekek yerleri yapılmıştır.

Cumhuriyet döneminde ilk gemiler Gölcük Tersanesi'nde yapılmıştır. 26 Temmuz 1934'te kızağa konan ve bu tersane ile aynı adı taşıyan "Gölcük tankeri", cumhuriyet tarihinde inşa edilen ilk gemi olmuştur. Bugün Türkiye tersanelerinde çok modern, dünya standartlarında gemiler inşa edilmekte, hatta bunlar ihraç da edilmektedir.

İLK BUHARLI GEMİ

Türk denizciliğinde yeni bir çığır açan ilk buharlı gemi, 1827 yılında İngiltere'den satın alınmıştı. Buharla işlediği için "buğu gemisi" denilen ve 320.000 kuruşa satın alınan Swift Vapuru, 21 Mayıs 1828'de, meraklı bakışlar arasında İstanbul'a girmiştir. Emsallerinden hızlı olması sebebiyle "Sürat" ismi verilen bu ilk vapura ilk binen padişah, Sultan İkinci Mahmud olmuş, ilk seyahatinde Rodos'a gidip gelmiştir.

Türkiye'de yapılan ilk buharlı gemi, Navarin'de Avrupalılar tarafından yakılan Osmanlı donamasını yeniden inşa etmek üzere gelen Amerikalı Mühendis Foster Rhodes tarafından yapılmış ve "Eser-i Hayr Vapuru" adıyla 26 Kasım 1837'de denize indirilmiştir.

Bahriye Nezareti'nin, 1843 yılında İzmit-Gemlik-Tekirdağ iskeleleri arasında "Seyr-i Bahri" adlı bir gemiyi ticaret amacıyla çalıştırmasıyla buharlı gemiler deniz ticaretinde kullanılmaya başlamıştır.

İLK GOLF KULÜBÜ

Türkiye'deki ilk golf kulübü, 1895 yılında Constantinapole Golf Club (İstanbul Golf Kulübü) adıyla İstanbul Okmeydanı'nda kuruldu. İstanbul Golf Kulübü'nü sırasıyla 1905 yılında İzmir'de kurulan Bornova Golf Kulübü, 1911 yılında İstanbul'da kurulan Bebek Golf Kulübü ve 1949 yılında kurulan Ankara Golf Kulübü izlemiştir. 1995 yılında da Türkiye Golf Federasyonu kurulmuştur.

Yurdumuzda ilk golf alanı, İstanbul Golf Kulübü tarafından 1914-1918 yılları arasında Mecidiyeköy'de yapılmıştı. Türkiye'nin ilk profesyonel golf alanı ise 1994'te Klassis Golf and Country Club adıyla hizmete girmiştir.

2000 yılından sonra önemli gelişme gösteren golf sektörü büyük başarılara imza atmıştır.

İLK GÖKDELEN

Türkiye'de inşa edilmiş ilk gökdelen, Kızılay Emek İşhanı'dır. Mimar Enver Tokyay tarafından tasarlanan Emek İşhanı, 1959 ile 1965 yılları arasında Ankara Kızılay'da inşa edilmiştir.

Emekli Sandığı'na gelir sağlamak ve Kızılay'ın çehresini değiştirmek amacıyla yapılan bina, 75 Bin ABD Doları'na mal olmuştur. 24 Katlı ve 76 metre yüksekliğinde bir gökdelen olan Kızılay Emek İşhanı, Türkiye'de giydirme cephenin ilk uygulandığı yapıdır. Yapı, Rasyonalizm üslubunun Türkiye'deki ilk örneklerinden olması nedeniyle de önem taşımaktadır.

Türkiye'de yapılan ikinci gökdelen, İstanbul'daki Odakule oldu. Bu ilk denemeleri Mersin Metropol, Sabancı Kuleleri, İş Kuleleri izledi ve bugünlere gelindi.

İLK GÖZ BANKASI

Ölü insan gözünden alınan kornea parçasının saklanması için yapılan yerlere göz bankası denir. Kornea nakli, 1800'lü yıllarda konuşulmaya başlanmış ve ilk kornea nakli, 1900'lü yılların başında gerçekleştirilmiştir. Türkiye'de ilk kornea nakli ise, 1935 yılında yapılmıştır. Kornea nakli için göz bankaları çok önem taşıyordu.

Türkiye'deki ilk göz bankası, 1957 yılında, Vehbi Koç tarafından, Ankara Üniversitesi Hastanesi'nde kurulmuştur. Ortak standartlar ve işleyiş konusunda birliği, göz bankaları arası bilgi alışverişini sağlamak, göz bankalarının yasalara olan ilgisini artırmak için, 2001 yılında, resmi gazetede "Göz Bankaları ve Kornea Nakli Merkezleri Yönergesi" yayımlanmış ve bu yönerge, 2005 yılı başında yürürlüğe girmiş ve böylece göz bankaları yasal bir dayanağa kavuşmuştur. Göz bankaları ve çalışanları dışındaki kurum ve kişilerin, kornea alımı, saklanması ve dağıtımı yapması suç sayılmıştır.

Dünyadaki ilk göz bankası, 1944 yılında, Dr. R. Townley Paton tarafından New York City'de kurulmuştu.

İLK GREV

Türkiye'de grev tarihî, 1845 tarihli Polis Nizamnamesi'ne ve 1909 tarihli Tâdîl-i Eşgâl Kânunu'na kadar uzanır. Türkiye'de ilk grev, 1872'de Beyoğlu Telgrafhanesi'nde çalışan işçiler tarafından gerçekleştirilmiştir. Nisan 1872'de Ömerli-Yarımburgaz demiryolu ile İzmir Demiryolu, Ocak 1873 ve Haziran 1875'te tersane, Ekim 1875'te de iskele işçilerinin başlattıkları grevler, Türkiye'de görülen ilk grev örnekleridir. İşi bırakma şeklinde ortaya çıkan bu grevlerin, siyasî hiçbir niteliği yoktu.

İLK BASIN GREVİ

Basın tarihinin ilk grevi, 1901 yılında yapılmıştır. 20 Eylül 1877'de yayınlanan Sıkıyönetim Nizamnamesi'yle padişaha gerekli gördüğü zamanlarda gazeteleri kapatma yetkisi verilmiştir. Bu sansür döneminde grev, suikast, anarşi, sosyalizm gibi kelimelerin kullanımı yasaklanmış, kitaplar yakılmış, yerli ve yabancı basını susturmak için ödenekler ve nişanlar verilmiştir. Bütün bu baskılar sonucunda gazeteciler, 1901 yılında basın tarihinin ilk grevini yapmışlardır.

İLK ÖĞRETMEN GREVİ

3 Şubat 1920 günü Ankara Öğretmen Okulu'nda toplantı yapan öğretmenler, 7-8 aydır hiç maaş alamadıklarını belirtip 4 Aralık 1920 günü okullara gitmeme ve görevlerini terk etme kararı aldılar. Böylece öğretmenler ilk defa 4 Aralık 1920'de Ankara'da grev yaptı.

Grev, işe yaramış mecliste sert tartışmalar yaşanmıştır. Öğretmenlerin eksik maaşları, Vekiller Heyeti üyelerinin şahsi gayretleriyle ödendi. 3 Mart 1924'te de Tevhid- i Tedrisat (Öğretimin Birleştirilmesi) Kanunu'yla birlikte, tüm öğretmenler devletten maaş alır almaya başladı.

İLK TÜRKİYE GÜZELLİK YARIŞMASI

Türkiye'de ilk güzellik yarışması, 1929 yılında Cumhuriyet Gazetesi tarafından düzenlendi. 2 Eylül 1929 günü Cumhuriyet Gazetesi binasında yapılan seçimde, 11 numaralı aday Balıkhane Nazırı Mehmet Tevfik Bey'in torunu Feriha Tevfik (Dağ), "İlk Türkiye Güzeli" olurken, Semine Hanım ikinci, Matmazel Araksi de üçüncü güzel ilan edildi.

İlk Türkiye güzellik yarışması, yarışmada yaşanan ilginç olaylar nedeniyle uzun yıllar unutulmadı: " Kraliçe seçilen Feriha Tevfik, henüz 13 yaşındaydı ama, iri yapılı olduğu için, yaşından büyük gösteriyordu. Jüri, ilk önce Türkiye Güzeli olarak iki numaralı yarışmacı Hicran Hanım'ı seçti, ancak onun evli olduğu anlaşılınca, yarışma dışı bırakıldı."

İLK DÜNYA GÜZELİ

Türkiye, ilk dünya güzelini, 1933 yılında yapılan Dünya Güzellik Yarışması'nda çıkardı. Türkiye Güzeli olarak Belçika'nın Spa şehrinde yapılan Uluslararası Güzellik Yarışması'na katılan Keriman Halis, 28 ülkenin temsilcisi arasından Dünya Güzeli seçildi.

31 Temmuz 1932 tarihinde Cumhuriyet Gazetesi'nin yaptığı yarışmada Türkiye Güzellik Kraliçesi seçilen Keriman Halis, devlet memuru olan bir babanın kızıydı. Kendisi'ne Atatürk tarafından "Ece" soyadı verildi.

Avrupa güzeli seçilen ilk Türk Güzeli ise Günseli Başar olmuştur. 1952 yılında İtalya'nın Napoli kentinde gerçekleştirilen Avrupa Güzellik Yarışması'nda ilk kez bir Türk kızı, Günseli Başar, Avrupa Güzeli seçildi.

İLK HABER AJANSLARI

Türkiye'de ilk haber ajansçılığı denemesi, 1911 yılında yapıldı. O döneme kadar haber kaynakları son derece kısıtlıydı. Hükümetin, halkın ve bu dönemde çıkan gazetelerin tek haber kaynağı yabancı ajanslardı.

Türkiye'de kurulan ilk yerli haber ajansı, 1911 yılında, Salih Gürcü tarafından kurulan Osmanlı Telgraf Ajansı'dır. Hükümetten destek gören Osmanlı Telgraf Ajansı, Havas ve Reuter ajanslarının örtülü bir örgütü gibi çalışmıştır. Osmanlı Telgraf Ajansı, İngiliz ve Fransız Hükümetleri'nin propagandasını yaptığı gerekçesiyle 1914'te kapatılmıştır. 1914'te Osmanlı Milli Telgraf Ajansı, 1920 yılında da Türkiye-Havas-Reuter Ajansı faaliyete geçmiştir.

Türkiye'nin ilk haber ajansı Anadolu Ajansı'dır. Kurtuluş Savaşı'nın zor günlerinde, Anadolu'daki gelişmeleri ülke içine ve dışına duyurmak amacıyla 6 Nisan 1920 günü "Anadolu Ajansı, Türkiye'nin sesini bütün dünyaya duyuracaktır." sloganıyla ve Osmanlı Bankası'ndan alınan bir daktilo ve "şapigrof" denilen ilkel bir teksir makinesiyle çalışmaya başlamıştır. Anadolu Ajansı'nın "Anadolu Halkına Çağrı" niteliğini taşıyan ilk bülteni, 12 Nisan 1920'de yayımlanmıştır.

Cumhuriyet Dönemi'nin ilk özel haber ajansı ise 1950 yılında Gazeteci Kadri Kayabal tarafından kurulan Türk Haberler Ajansı (THA)'dır. Günümüzde AA, İHA, CHA, AHT vd. bir çok haber ajansı vardır.

İLK HAKEM

Türkiye'de ilk hakemlik, atletizm dalında başladı. Spor hakemliğini, Atletizm Federasyonu Başkanı da olan Burhan Felek başlatmıştır.

1922'de Atletizm federasyonu kurulmuş ve ülkemizde ilk ciddi atletizm çalışmaları başlamıştı. Galatasaray, Fenerbahçe, Beşiktaş, Kurtuluş ve Beyoğlu Sporun yarışmalara getirdiği rekabet havası, bu yarışmaları yapacak ciddi hakemlere ihtiyaç olduğunu göstermişti. Böylece ilk hakemler yetişmeye başladı.

İLK FUTBOL HAKEMİ

Futbol hakemi olarak adı tespit edilen ilk Türk, 1907 yılında Kadıköy ile Moda takımları arasındaki zorlu ve iddialı lig maçını yönetmiş olan Fuad Hüsnü Kayacan'dır. Fuad Hüsnü Kayacan'ı çok geçmeden Galatasaraylı Ali Sami Yen, Altınordulu Raşit Aydınoğlu, Fenerbahçeli Nasuhi Esat Baydar, Said Selahattin Cihanoğlu ve Galip Kulaksızoğlu gibi hakemler izlemiştir.

Sürekli olarak hakemlik yapan ilk kişi; Türkiye'de futbolu ilk oynayanlardan biri olan ve aynı zamanda İstanbul Ligi'ni de kuran kişi olarak tanınan İngiliz James Lafontaine olmuştur.

Uluslararası bir futbol müsabakasında görev yapan ilk Türk hakem, Altınordulu Hamdi Emin Çap'tır. İlk defa 16 Ekim 1924'te Moskova'da, 15 Mayıs 1925'te Ankara'da yapılan Türkiye-Rusya futbol karşılaşmalarını yönetmiştir.

Hakemlik konusunda İngiltere'de eğitim görmüş olan Hamdi Emin Çap, yurdumuzda da futbol dalında hakemliği gerçek biçimde kurmuştur. 1928 yılında Futbol Federasyonu Başkanı olan Çap, 1932 yılında da Türkiye'de ilk özel hakem yetiştirme kursunu açtı. 1936 yılında Berlin Olimpiyatları dönüşünde İngiltere'den Buts adlı bir hakemlik uzmanını Getiren Çap, Türkiye'de ilk resmi hakem kursunu açtırmıştır.

İki yabancı milli takım arasındaki maçı yöneten ilk hakemimiz, 1946 yılında Şam'da oynanan Suriye-Lübnan maçını yöneten Şazi Tezcan'dır.

Yurdumuzda FIFA kurallarına uygun olarak uluslararası futbol karşılaşmalarını yöneten ve FIFA kokartı takan ilk Türk futbol hakemi de Sulhi Garan'dır.

İlk Kadın hakem ise 1960 yılında İstanbul'da dünyaya gelen ve İşletme mezunu olan Lale Orta'dır. FİFA kokartlı ilk bayan hakem ünvanını da alan Orta, 20 yıl hakemlik yapmıştır.

İLK HALİFE

Türk tarihinde ilk halife, Yavuz Sultan Selim'dir. Osmanlılar, 1517'de Mısır'ı fethedince, "Kutsal Emanetler"le birlikte, halifelik de Osmanlılara geçti. Mütevekkilullah'ın yerine Yavuz Sultan Selim, 1517'de halife oldu. 1924 yılına kadar bütün Osmanlı padişahları "halife" ünvanını da taşıyarak, hilafeti ellerinde tuttular.

Kurtuluş Savaşı sona erince TBMM, 1 Kasım 1922 tarihinde saltanatla hilafetin birbirinden ayrılmasını kararlaştırdı. 18 Kasım 1922'de Son Osmanlı Padişahı ve halifesi Vahdeddin'in veliahtı Abdülmecit, Büyük Millet Meclisi tarafından, halife ilan edildi.

3 Mart 1924'te çıkarılan "Hilafetin İlgasına ve Hanedan-ı Osmanî'nin Türkiye Cumhuriyeti Memaliki Haricine Çıkarılmasına Dair Yasa" ile hilafet ve halifelik tarihe karıştı. Son halife Abdülmecit, Osmanlı Hanedanı'na mensup 29. halife idi.

İLK HASTANE

İlk hastaneler, dâr-üş-şifa, mâristan veya bimâristan gibi isimlerle anılırdı. Dâr-üş-şifalar, eskiden hastane olmakla beraber aynı zamanda bir tıp okulu konumundaydılar. Tıp tahsil etmek isteyenler orada hem nazari, hem amelî ders görürlerdi.

Türk tarihinin ilk dar-üş-şifası, Mısır valisi Tolun oğlu (İbn-i Tolun) tarafından 261 yılında Kahire'de yaptırılmıştır.

Türkiye'de yapılan ilk hastane, 516 yılında Türk hükümdarı Emir Artuk'un oğlu Melik Necmeddin Gazi tarafından yaptırılan Mardin Mâristanı'dır. Bunu, 602 yılında Selçuk hükümdarlarından Kılıç Aslan'ın kızı Gevher Nesibe adına kardeşi Gıyaseddin Keyhüsrev tarafından yaptırılan Kayseriye Mâristanı izlemiştir. Daha sonraki yıllarda Anadolu'nun değişik bölgelerinde çok sayıda hastane yaptırılmıştır.

Osmanlılar döneminde hizmete giren ilk sağlık tesisi, 1399'da Yıldırım Bâyezîd Han'ın açtırdığı Bursa Dârüttıbbı'dır. Avrupa kıtasındaki ilk tıp müessesesi de Edirne Cüzzamhânesi oldu (1421-1451). Daha sonra Edirne'de ve İstanbul'da bir çok yeni hastane açıldı.

İLK ÇOCUK HASTANESİ

Türkiye'nin ilk modern çocuk hastanesi olan Hamidiye Etfal Hastanesi, Sultan İkinci Abdülhamit tarafından kızı Hatice Sultan'ın hatırasına çocuklara hediye olarak yaptırılmıştır. 5 Haziran 1899'da Şişli'de "Hamidiye Etfal Hastane-i Âlîsi" ismiyle hizmete başlayan hastanenin başhekimliğine, İbrahim Bey tayin edilmişti. Bu hastanede, din ve ırk ayrımı yapılmadan, bütün Osmanlı çocukları ücretsiz tedavi edilmekte, ilaçları da hastane tarafından verilmekteydi.

Hamidiye Etfal Hastanesi birçok gelişmenin ilk defa gerçekleştiği hastane olmuştur. Hamidiye Etfal, modern hastaneciliğin tatbik edildiği ilk sağlık müessesesidir. Stetoskop kullanılan ilk hastanedir. Türkiye'nin kaloriferle ısınan ilk hastanesidir. İlk çocuk sanatoryumu burada açılmıştır.

İkinci Abdülhamid'in hal edilmesinden sonra hastane kadroları tamamen değişmiş, hastane Maliye'ye devredilerek tahsisatı da azaltılarak adeta kaderine terk edilmiştir. Günümüzde hastanenin bir bölümü, Şişli Etfal Hastanesi olarak kullanılmaktadır.

İLK KADIN HASTANESİ

Yurdumuzda açılan ilk kadın hastanesi, Haseki Nisâ Hastanesi'dir. Kanuni Sultan Süleyman'ın hasekisi Hürrem Sultan tarafından yaptırılan Haseki Darüşşifası'nın 1848 yılında kimsesiz, bakıma muhtaç, evsiz barksız, hasta ve çaresiz kadınların kullanımına tahsis edilmesi kararlaştırılmıştır.

Hastane, 1870 yılında 80 yataklı olarak faaliyete geçmiştir. Burasının artan ihtiyaca cevap vermemesi üzerine hastane civardaki Taş Konak'a taşındı. Taş Konak'ın da yetersiz kalması üzerine 250-300 yataklı bir hastane yapılmış ve burada zengin ve fakir ayırmaksızın bütün hastalara bakılmıştır. Haseki Nisa (Kadın) Hastanesi adı verilen bu hastane, günümüzde Haseki Eğitim ve Araştırma Hastanesi adıyla faaliyetini sürdürmektedir.

İLK İLKYARDIM HASTANESİ

İlk ilkyardım hastanesi, 1879 yılında İstanbul, Taksim Sıraselviler Caddesi'nde Fransız din adamları tarafından kimsesizlere ve bakıma muhtaç olanlara bakmak amacıyla bir bakımevi olarak kuruldu. Birinci Dünya Savaşı'ndan önce, "dispanser" olarak kullanılan hastane, 1919 yılında, Operatör Nazım Hamdi tarafından, "İlkyardım Hastanesi" haline getirildi. Hastane, bir süre sonra Çapa'ya, oradan da Şişli'ye taşındı. Ancak, 1950 yılında yine bugünkü Sıraselviler Caddesi'ndeki yerine döndü. Taksim Eğitim ve Araştırma Hastanesi adıyla günümüzde hizmet vermeye devam ediyor.

İLK MODERN HASTANE

Türkiye'nin ilk modern hastanesi, Vakıf Gureba Hastanesi'dir.

II. Mahmut'un annesi Bezm-i Âlem Valide Sultan tarafından bugünkü Çapa ile Fındıkzade semtleri arasında Yenibahçe denilen geniş bir arsa üstüne yaptırılan ve "Bezm-i Âlem Gurebâ-yı Müslimîn Hastanesi" adı verilen bu hastane, 4 Nisan 1845 tarihinde açıldı. İlk kurulduğunda hastanede 12 koğuş ve 210 yatak vardı.

Bezm-i Âlem Valide Sultan, hastaneyi kurarken bir vakıfname ile garip, fakir ve kimsesiz Müslümanlara ücretsiz olarak muayene ve tedavi hizmeti verilmesini şart koşmuştu.

Osmanlı Devleti'nde "hastane" ismi, ilk defa bu kurum için kullanılmıştır.

İLK HAVACILIK

Türkiye'de havacılık konusunda ilk gerçek adım, 1911 yılında atıldı. Harbiye Nazırı Mahmut Şevket Paşa, Balkan Savaşı arifesinde Erkân-ı Harbiyye-i Umûmiyye bünyesinde askerî havacılığın kurulması için bir şube açarak havacılığın gelişmesi yolunda ilk girişimde bulunan kişi olmuştur. Balon ve uçak alımı, bunların barınabileceği hangarların yapımı, Hava Kurumu'nun kurulması gibi ilk havacılık örgütlerini, Mahmut Şevket Paşa oluşturmuştur.

Tarihimizde ilk hava okulu da, 3 Temmuz 1912'de İstanbul Sefaköy'de, "Yeşilköy Hava Mektebi" adıyla öğretime başladı. Okulun ilk müdürü, İstihkâm Binbaşı Veli Bey'dir. Pilot öğrenimi için Fransa'ya gönderilen ilk pilotlar, Fezâ ve Kenân Beyler, 1912'de Fransa'dan satın alınan iki uçakla, yurda dönmüşler ve Hava Uçuş Okulu'nda havacı yetiştirmişlerdir.

Mahmut Şevket Paşa'dan sonra havacılık alanındaki faaliyetler durmuş, Hava Uçuş Okulu subayları da gelişigüzel birliklere dağıtılmışlardır.

Türk tarihinde havacılık teşkilatının gerçek temeli, Balkan Savaşı'ndan sonra Enver Paşa'nın Harbiye Nazırlığı döneminde atılmıştır. Yurtdışından havacı subaylar getirilerek Yeşilköy Uçuş Okulu'nda pilot yetiştirme işine hız verilmiş, uçak ve uçak malzemesi alınarak hava teşkilatı güçlendirilmeye çalışılmıştır.

İLK HAVA YOLLARI ÖRGÜTÜ

Türkiye'de ilk hava yolları örgütü, 20 Mayıs 1933 tarihinde 2186 sayılı kanunla Milli Savunma Bakanlığı'na bağlı olarak "Havayolları Devlet İşletme İdaresi" adıyla kurulmuştur. Kuruluşun ilk müdürü, ilk Türk havacılarından Fesa Evrensev'dir. 180 bin liralık bir bütçeyle kurulan ilk havayolları örgütü, yedi pilot, sekiz makinist, sekiz memur, bir de telsizci olmak üzere toplam 24 personelle faaliyete başlamıştı. İlk uçak seferleri, Ankara-Eskişehir arasında düzenlendi.

1935 yılına kadar Milli Savunma Bakanlığı'na bağlı olarak faaliyet gösteren işletme, 1935 yılında 2744 sayılı kanunla Bayındırlık Bakanlığı'na bağlanmıştır. Kuruluş, 3 Haziran 1938 tarih ve 4324 sayılı kanunla, Ulaştırma Bakanlığı'na bağlandı ve "Devlet Hava Yolları Umum Müdürlüğü" adını aldı.

Günümüzde bu kuruluş, "Türk Hava Yolları" adıyla küresel bir marka olarak hizmet vermektedir.

İLK HAYVANAT BAHÇESİ

Türkiye'de ilk hayvanat bahçesi, Ankara'da kurulmuştur. Kurulmasına 1933 yılında Atatürk tarafından karar verilen Ankara Hayvanat Bahçesi'ne başlangıçta, Türkiye'de bulunan kurt, tilki, çakal vs. gibi hayvanlar yerleştirilmiştir. 1936 yılında bir sirkten sağlanan bir aslan ile hayvanat bahçesinin gelişmesi başlamış ve 29 Ekim 1940 tarihinde Atatürk Orman Çiftliği içinde bulunan 22 hektarlık bir alan üzerinde ilk Türk Hayvanat Bahçesi kurulmuştur.

Türkiye'de ilk özel hayvanat bahçesi ise, 1990 yılında Darıca Bayramoğlu bölgesinde kurulmuştur. İlk başlarda bir kuş parkı olarak "Kuş Cenneti" ismi altında kurulan park, 1993 yılından sonra gelişmesine devam etmiş ve 80.000 m2'lik alan üzerinde bugünkü 'Boğaziçi Hayvanat Bahçesi Botanik Parkı ve Kuş Cenneti' kurulup halk hizmetine sunulmuştur.

İLK HEYKEL

Ülkemizde heykel sanatı ilk başlarda dinin de etkisiyle mimariye bağlı taş süslemeciliği şeklinde gelişme göstermiştir. Ülkemizde heykel sanatı, 19. yüzyıl sonlarında gelişmeye başlamıştır.

Türk tarihinde ilk heykel, Sultan Abdülaziz tarafından yaptırılmıştır. Sultan Abdülaziz, Viyana seyahati sırasında gördüğü heykellerden etkilenerek C. F. Fuller isimli bir heykeltıraşı İstanbul'a getirterek bugün Beylerbeyi Sarayı'nda yer alan at üzerindeki heykelini yaptırtmıştır.

İnsan bedeninin bir kısmını ifade eden ve büst denilen ilk heykel ise 1914'te başlanıp 1918'de bitirilen Osman Gazi'nin büstüdür. Bu heykel, Hafik-Zara (Sivas) yolu üzerinde, 10 metrelik bir sütun üzerine dikilmişti.

İLK HEYKELTRAŞLAR

19. yüzyıla gelinceye kadar Osmanlı Devleti'nde heykeltıraşa rastlanmaz. Ülkemizde heykel sanatının başlaması ve gelişmesi, 1883 yılında açılan Sanayi-i Nefise Mektebi ile gerçekleşmiştir. Sanayi-i Nefise Mektebi'nin ilk heykel hocası ise Roma'da heykel eğitimi almış olan Osgan Yervant'dır.

Cumhuriyet öncesi dönemde yetişen ilk önemli heykel sanatçıları, Sanayi-i Nefise'de öğrenim gören İhsan Özsoy, İsa Behzat ve Mehmet Mahir Tomruk'tur. Yine Cumhuriyet öncesi dönemde yetişmiş önemli heykeltıraşlardan Nijad Sirel, kendi imkânlarıyla Almanya'da heykel öğrenimi görmüştür. Çağdaş Türk Heykel Sanatı'nın bu ilk öncüleri, malzeme olarak çoğunlukla alçı, taş ve bronz kullanmışlar ve büstler meydana getirmişlerdir.

Cumhuriyet'in ilan edilmesinin ardından devlet tarafından Paris'e heykel eğitimi için gönderilen ilk heykel sanatçısı, Ratip Aşir Acudoğlu olmuştur. Sonraki yıllarda Ali Hadi Bara, Zühtü Müridoğlu, Nusret Suman adlı akademi öğrencileri devlet bursu ile yurtdışına öğrenim görmeye gönderilmiştir. Bu sanatçılarımız ülkemizde heykel sanatının gelişmesinde büyük rol oynamışlardır. Sabiha Bengütaş ve Nermin Faruki ise ilk Türk kadın heykel sanatçılarımızdandır.

İLK HEYKEL SERGİSİ

Cumhuriyet döneminde resim sanatı ile birlikte heykel sanatında da önemli gelişmeler yaşanmış, büyük heykeltıraşlar yetişmiştir. Cumhuriyet döneminde açılan sergilerde resim sanatçılarının yanı sıra heykel sanatçılarına da rastlanmaktadır.

Ülkemizde ilk heykel sergisini, 1932 yılında Gülhane Parkı içindeki Alay Köşkü'nde Zühtü Müridoğlu açmıştır. Daha sonraki yıllarda yurdumuzun değişik yörelerinde birçok heykel sergileri açılmıştır.

İLK HUKUK ÖĞRENİMİ

Tanzimat'tan sonra, Abdülmecit ve Abdülaziz dönemlerinde modern anlamda hukukçulara ihtiyaç duyulmuş, modern hukukçu yetiştirme fikri yüksek sesle dillendirilmeye başlanmıştı. Yurdumuzda ilk hukuk dersleri, Adliye dairesinde verilmeye başlandı.

Türkiye'de açılan ilk hukuk okulu, 1874 yılında Galatasaray Sultanisi'nde ayrı bir bölüm olarak açılan "Hukuk Mektebi"dir. Bugünkü Hukuk Fakültesi'nin çekirdeğini oluşturan Hukuk Mektebi'nin ilk müdürü de, Emin Bey'di. Okulun öğretim üyeleri ise "Cevdet Paşa (Medeni Usul Hukuku), Münif Paşa (Hukuk Başlangıcı), Hasan Fehmi Efendi (Ticaret Hukuku), Kostaki Efendi (Ceza Usul Hukuku), Sait Bey (Roma Hukuku), İsmail Bey (Ceza Hukuku), Recai Efendi (Fransızca) idi.

Bu okul, II. Abdülhamit tahta çıkınca kapatıldı. 1878'de tekrar açıldı ve iki sene sonra özel olarak yapılan bir binada yeniden öğretime başladı. Bu okul, 1900 yılında Darülfünun'un hukuk dalı niteliğini kazandı ve ilk kez fakülte oldu.

Cumhuriyet döneminde açılan ilk hukuk okulu ise 5 Kasım 1925'te Atatürk tarafından Ankara'da açılan Ankara Adliye Hukuk Mektebi'dir. İlk TBMM binasında öğretime başlayan ve 1928 yılında ilk mezunlarını veren Ankara Hukuk Mektebi, daha sonra Ankara Hukuk Fakültesi ve Ankara Üniversitesi Hukuk Fakültesi adıyla eğitim hizmetini sürdürmüştür.

İLK İKTİSAT KONGRESİ

İlk iktisat kongresi, 17 Şubat 1923'te İzmir'de "Türkiye İktisat Kongresi" adıyla toplandı. Bu ilk İktisat Kongresi, siyasî bağımsızlığına kavuşan Türkiye'nin ekonomik bağımsızlığını da gerçekleştirmek amacıyla düzenlenmişti. 4 Mart 1923 gününe kadar çalışmalarını sürdüren kongreye, esnaf, zanaatkâr, işçi, tüccar, çiftçi, sanayici, banka ve yüksek okulların temsilcilerinden oluşan 1135 temsilci katılmıştı. 16 günlük çalışmalar sonunda bir "Misak-ı İktisadî" kabul edilerek kamuoyuna duyurulmuş, millî ekonomi ilkesi kabul edilmişti.

İLK İLAÇ FABRİKASI

Ülkemizde ilk ilaç fabrikası, 1895 yılında İstanbul Çemberlitaş'taki Osmanbey sitesinde çalışmaya başlamıştır.

Eczacılıktan mezun olan Ethem Pertev Bey ve Süreyya Bey tarafından kurulan laboratuarda ilk Türk ilaçları, Pertev şurubu, Pertev diştozu, Pertev kremi, Pertev Pudrası, Dakık Ziya, Kına Nazif Nuri Şurubu üretildi.

İLK İMAR PLANI

Türkiye'de şehir planlamasının geçmişi, 19. yüzyılın ortalarına dayanmaktadır. Ülkemizde şehir planlaması ile ilgili ilk uygulamalar İstanbul'da başlatılmıştır. II. Mahmut döneminde şehirde köklü değişikliklere ihtiyaç duyulmuş ve ülkemizde ilk imar planı, 1837 yılında Von Moltke'ye yaptırılmıştır. İlk İmar Talimatnamesi ise "ilmühaber" adıyla 1839 tarihinde yayınlanmıştır. Bunu, 1848 tarihinde çıkarılan Ebniye Nizamnamesi izlemiştir.

Tanzimat'ın ilanından sonra imar işlerinde yeni gelişmeler meydana gelmiştir. Tanzimat'la birlikte kat sınırlamasının kalkmasıyla Galata, Balat, Fener ve Kumkapı gibi gayr-i müslimlerin yaşadığı semtlerde çok katlı yapılar yaygınlaşmaya başlamıştır.

İLK İMZA

İmza, bir kişinin herhangi bir belgeyi yazdığını veya onayladığını belirtmek için her zaman aynı şekilde kullandığı işarettir. Kişisel bir simge olan imza, bir eserin veya bir ürünün kime ait olduğunu da gösteren bir belgedir.

Türkiye'de ilk imza, Muğla'nın Yatağan ilçesine bağlı Turgut Beldesi'ndeki Lagina Antik Kenti'nde kullanılmıştır. Aynı zamanda tarihte atılan 'ilk imza' ve 'ilk mülkiyet işareti' olan pişmiş topraktan yapılma 5 bin yıllık bu damga, 2009 yılı Ağustos ayında Lagina Antik Kenti'nde yapılan kazı çalışmaları sonunda bulundu.

İLK İPEK FABRİKASI

Osmanlılarda ipekli dokumacılık 16. yüzyılda en parlak devrini yaşamıştır. Başta Bursa olmak üzere İstanbul, Edirne, Denizli, İzmir ve Konya gibi şehirlerde ipekli dokumacılık gelişmişti. İpekçilik çok eskilere dayansa da bunun bir sanayi olarak sürdürülmesi 19. yüzyılda gerçekleştirilmiştir.

Türkiye'nin ilk İpek Fabrikası, 1833 yılında Fransız Glaizal ailesi tarafından Bursa'da kurulmuştur. Yine ilk buharlı ipek ipliği çekme fabrikası, 1845 yılında Bursa'nın Kayabaşı semtinde kuruldu. Kısa süre sonra yine Bursa'da yaklaşık olarak 50 ipek fabrikası açıldı. 1851 yılında Londra Sanayi Sergisi'ne katılan Türk tüccarların Türk koza ve ipeklerini göstermeleriyle Türkiye ilk kez bu alanda uluslararası bir sergiye katılmış oldu. İpek üretimini bilimsel bir yola koymak için de 1894 yılında Bursa'da Darülharir (İpekevi) açıldı.

Günümüzde Bursa, ipekçiliğin merkezi olma özelliğini devam ettiriyor.

İLK İTFAİYE ÖRGÜTÜ

Osmanlı Devleti'nde yangın söndürme hizmeti, 16. yüzyıldan sonra teşkilatlandırılmıştır. İlk başlarda yangın söndürmek üzere her evde bir küp su, merdiven, kazma, kürek hazır bulundurulması mecburiyeti getirilmişti. Yangın söndürmede esaslı gelişme, 18. yüzyılda yaşandı. İstanbul'da yangınlar, önceleri Yeniçeriler tarafından söndürülürken, ilk defa Tophane'de çıkan bir yangına David adlı Fransız mühendisin yaptığı ilk tulumbayla müdahale edildi. Yangından sonra 15 kişilik küçük bir takımla ilk yangıncı ekip kuruldu. Böylece İlk itfaiye örgütü, 1714 yılında Tulumbacılar Ocağı adıyla kuruldu. Başına Fransız kökenli Gerçek Davut Efendi'nin getirildiği bu Ocak, 1825 yılına kadar 111 yıl görev yaptı ve Yeniçeri Ocağı ile birlikte kaldırıldı.

1827 yılında II. Mahmut döneminde yarı Askerî İtfaiye Teşkilâtı kuruldu. 1869 yılında belediye merkezlerine, mahallelere tulumbalar verilerek Semt Tulumbacı Ocakları kuruldu. 1869 yılında İstanbul'da çıkan büyük yangın üzerine Macaristan'dan Kont Secini getirtilerek 1874 yılında Askerî İtfaiye Teşkilâtı kuruldu. Bu teşkilât, 1923 yılına kadar ordunun bir kuruluşu olarak yangın söndürme hizmeti verdi. Bakanlar Kurulu kararı ile 25 Eylül 1923 tarihinde modern itfaiye teşkilâtı belediyelere devredildi.

Günümüzde Belediye teşkilâtı olan her yerde itfaiye teşkilâtı bulunmaktadır.

İLK KADASTRO ÇALIŞMALARI

Arazi ve mülklerin yerini, sınırlarını ve değerlerini belirli bir yöntemle düzenlemek olan "kadastro" çalışmaları, ülkemizde ilk defa, Defter-i Hakânî Nazırı Mahmut Esat Efendi zamanında, 5 Şubat 1912 günü yürürlüğe giren "Emvâl-i Gayrimenkulenin Tahdit ve Tahriri Hakkındaki Kanun-ı Muvakkata" isimli yasa ile başladı.

Cumhuriyet döneminde 22 Nisan 1925 tarihinde çıkarılan 658 sayılı kanunla Tapu Genel Müdürlüğü kuruldu. Aralık 1934'te 2613 sayılı Kadastro ve Tapu Tahrir Kânunu'yla kasaba ve şehirlerde kadastro çalışmalarına başlandı. Arazi kadastrosuna ise 1950 yılında başlandı.

Ülkemizdeki ilk Kadastro Yüksek Meslek Okulu da, tapu ve kadastro işlerinde çalıştırılacak eleman yetiştirmek amacıyla 1911 yılında "Tapu ve Kadastro Mekteb-i Âlisi" adıyla İstanbul'da açıldı. Cumhuriyet döneminde Ankara'da Tapu Kadastro Genel Müdürlüğüne bağlı Tapu Kadastro Meslek Lisesi açıldı.

İLK KADIN BAKAN

Türkiye'nin ilk kadın bakanı, Prof. Dr. Türkân Akyol'dur. 1971 yılında 12 Mart döneminde kurulan partilerüstü Nihat Erim Hükümeti'nde Sağlık ve Sosyal Yardım Bakanı olarak görev alan Prof. Dr. Türkan Akyol, Başbakan Nihat Erim tarafından parlamento dışından atanmıştı.

Bakanlığının sekizinci ayında hükümet içinde çıkan anlaşmazlıklardan ötürü 11 Bakan ile birlikte görevinden istifa eden Akyol, 1928 yılında İstanbul'da doğdu. Ankara Üniversitesi Tıp Fakültesi'nden mezun olduktan sonra, dâhiliye ve göğüs hastalıkları konusunda ihtisas yapan ve 1964'te doçent, 1969'da ise profesör olan Türkan Akyol, Sağlık Bakanlığı'ndan istifasının ardından Ankara Üniversitesi Rektörlüğü'ne seçildi.

Seçimle gelen ilk rektör olan Türkân Akyol'un, bir başka özelliği de Türkiye'nin ilk kadın üniversite rektörü olmasıdır.

İLK KADIN BANKA MÜDÜRÜ

Türkiye'nin ilk kadın banka müdürü, İclal Ersin'dir. 1928 yılında Türkiye İş Bankası Adana Şubesi'nde muhasebeci olarak işe başlayan İclal Ersin, aynı zamanda Türkiye'nin ilk kadın muhasebecisi olmuştur.

Atatürk tarafından 1939 yılında İsviçre'ye eğitime gönderilen Ersin, "Türkiye'de meslek gelirlerinin vergilendirilmesi" başlıklı tezini Fransızca olarak hazırlayıp doktorasını yaptı ve 1941 yılında Türkiye'ye dönüp Türkiye'nin ilk iktisat doktoru ünvanını elde etti.

İclal Ersin, yurda döndükten sonra İş Bankası'nın Ankara Merkez Şubesi'nde Teftiş Servis Şefliği, İstanbul-Beyoğlu ve Galata şubelerinde kontrolörlük görevlerinde bulundu. 1953 yılında açılan İş Bankası Nişantaşı Şubesi Müdürlüğü görevine atanan ve on yıl süreyle bu görevde kalan Ersin, böylece Türkiye'nin ilk kadın banka müdürü ünvanını da elde etti.

Türkiye'nin ilk kadın banka genel müdürü ise Piraye Antika'dır. 1990 yılında Midland Bank Türkiye'yi kuran Antika, 1992 yılında Midland Bank'ı HSBC satın alınca HSBC Türkiye'nin Genel Müdürü oldu. 1993-2010 yılları arasında HSBC Türkiye'nin Genel Müdürlüğü'nü üstlenen Piraye Antika, başarılarıyla iş ve finans dünyasında adından sıkça bahsettirmiştir.

İLK KADIN MUHTAR

Ülkemizin ilk kadın muhtarı, Meliha Manço'dur. Meliha Manço, 1932 yılında Atatürk'ün Yalova'nın Gacık Köyü'ne yaptığı ziyaret sırasında atama yoluyla muhtar ilan edildi. Ülkemizde kadınların yönetimde görev almasını sağlayan haklar 1930'dan itibaren verilmeye başlandı. Önce 3 Nisan 1930'da belediye seçimlerine katılma hakkı tanındı. Ülkemizde kadınlara, 1933 yılında muhtarlık seçimlerinde aday olma hakkı tanındı. Bu gelişmeden sonra ülkemizin seçimle gelen ilk kadın muhtarı ise, Gül Esin oldu. 1933 yılında Aydın iline bağlı Çine ilçesinin Karpuzlu bucağından muhtar seçilen Gül Esin, o günleri şöyle anlatıyor:

"Muhtarlık için aday olduğumda, bana kimse karşı çıkmadı. Muhtarlığa, o zamanki nahiye müdürümüzün isteği ile girmiştim. İlk kadın muhtar seçildiğimde de herkes bana yardımcı oldu. Muhtarlığım sırasında da köydeki kız kaçırma olaylarının önlenmesinde büyük çaba harcadım. Köye yol, köprü ve köy konağı yaptırdım."

İLK KAFETERYA

İtalyanca "caffetteria" sözcüğünden dilimize aktarılan kafeterya, herkesin elinde bir tepsiyle, seçtiği yemekleri alarak masasına götürdüğü bir tür lokanta anlamına gelir.

Ülkemizde ilk kafeteryalar, İkinci Dünya Savaşı'ndan sonra İstanbul, İzmir ve Ankara'da açıldı. İlk zamanlar kahve içilen bu mekânlar sonraları müşterilerine sundukları hizmetleri genişletmiş ve çeşitlendirmişlerdir.

İLK İNTERNET KAFE

"İnternet kafe" veya "siber kafe", kişilerin ücretli olarak İnternet'e erişebildikleri, bu erişimin ücretlendirilmesinin genellikle dakika ve saat baz alınarak yapıldığı sosyal alanlardır. Daha çok oyun oynanan, müzik dinlenilen, bilgiye erişilen İnternet kafeler, müşterilerine İnternet'e bağlandıkları zaman, yeme ve içme imkânları da sağlarlar.

Türkiye'de ilk İnternet kafe, 1995 yılında "Cyber Café" ismi ile kurulmuştur. İnternet kafeler, 1996 yılında ticari bir sektör haline gelmiş ve bu tarihten itibaren Türkiye'de İnternet kafe patlaması yaşanmıştır

Toplumumuzda bilgisayar kullanma yaşı düşük olduğundan daha çok gençlerin rağbet gösterdikleri internet kafeler, günümüzde binlerle ifade edilen rakama ulaşmıştır.

İLK KÂĞIT FABRİKASI

Türkiye'de elle imalat yapılan ilk kâğıt fabrikası, 1453 yılında İstanbul'da Kâğıthane'de kurulmuştur. Daha sonraki yıllarda İzmir ve Bursa'da elle üretim yapan birkaç imalathane kurulmuştur. Dünyadaki gelişmelere paralel olarak kâğıt sanayinde büyük ilerlemeler meydana gelmiştir.

İlk kâğıt fabrikası, 1744 yılında Yalova'da kurulmuştur. Bir çok cins kâğıt üretilen bu fabrika bir süre sonra kapandı. 1804'te hizmete açılan Beykoz Kâğıt Fabrikası da uzun ömürlü olmamıştır. 1844 yılında temeli atılan İzmir Kâğıt Fabrikası, bir süre devletin kâğıt ihtiyacını karşılayabilmiş yine de kapanmaktan kurtulamamıştır. Son kurulan fabrika Hamidiye Kâğıt Fabrikası'dır. Osmanlı Devleti'nin Birinci Dünya Savaşı'ndan yenik çıkması üzerine galip devletler kâğıt fabrikalarını dağıtmışlardır.

Cumhuriyet döneminin ilk kâğıt fabrikası, Mehmet Ali Kağıtçı'nın özel çabaları sonucu İzmit'te açılmıştır. 14 Ağustos 1934'te temeli atılan bu fabrika, 1936 yılında işletmeye açıldı. Daha sonraki yıllarda bir çok kâğıt fabrikası kuruldu ve bunlar SEKA'ya bağlandı.

İLK KÂĞIT PARA

Ülkemizde ilk kâğıt para, 1840 yılında çıkarıldı. "Kaime-i nakdiye-i mutebere" adıyla Sultan Abdülmecit zamanında çıkarılan bu kâğıt paranın karşılığı yoktu. Bir nevi bono gibi kullanılması düşünülen ve yüzde 8 faiz veren bu ilk paralar, 500 kuruşluktu ve elle yazılıp yapılmıştı. Hepsi 160 bin lira değerindeydi. Basılan paraların çabuk tükenmesinde dolayı 1840 yılında 50, 100 ve 250 kuruş değerinde ikinci kez kâğıt para çıkarıldı. Böylece piyasaya çıkarılan paraların toplam değeri, 400 bin lirayı buldu. Bu paraların seri numaraları bulunmadığından ve elle yazılı olduklarından kısa zamanda sahteleri piyasaya çıktı. Elle yazılan paralar piyasadan toplatıldı.

İlk defa 1842 yılından itibaren yabancı sermayeli bir banka olan Osmanlı Bankası'na para bastırılmaya başlandı. Ancak halk madeni paraya alışık olduğundan kâğıt paraya pek ilgi göstermedi. Fakat üç girişim de başarılı olmadı. 1844 yılında, Devlet Darphanesi para basma konusunda yetkili kılındı. 1844 yılında Mecidiye adıyla 20 guruş değerinde yeni bir para çıkarıldı. Temel para birimi olarak Mecidiye ve guruş kabul edildi. 100 Osmanlı guruşunun bir Mecidiye olarak hesaplanması kararlaştırıldı.

İlk faizsiz kaimeler, 1850 yılında 20 ve 10 kuruşluk küçük küpürler halinde basıldılar. Sultan Abdülaziz devrinde kaime basımına hız verildi, fakat tedavüldeki kaimelerin artması değerinin düşmesi sonucunu doğurdu.

Cumhuriyet'ten sonra da imtiyaz mukavelesi 1935'e kadar uzatılan Osmanlı Bankası, merkez bankacılığı görevini tam olarak yerine getirmeyince para basma yetkisi elinden alınmıştır. TBMM tarafından 11 Haziran 1930'da çıkarılan bir kânunla Türkiye Cumhuriyet Merkez Bankası kurulmuş ve 3 Ekim 1931'de fiilen faaliyete geçmiştir. Günümüzde, Türkiye'de kâğıt para çıkarma yetkisi, yasa ile Türkiye Cumhuriyet Merkez Bankası'na verilmiştir.

Cumhuriyet döneminin ilk kâğıt paraları ise 4 Aralık 1927 günü tedavüle çıkarıldı.

İLK KAHVE

Türkiye'ye ilk kahve, 1540 yılında Kanuni Sultan Süleyman zamanında Habeşistan Beylerbeyi Özdemir Paşa tarafından getirildi. İstanbul'a, Mısır üzerinden Yemen'den gelen kahve, kısa sürede benimsendi ve İstanbul'da kahve depoları yapıldı. Bir süre sonra İstanbul'da 100 kahve toptancısı 50 kadar dükkânda kahve satışına başladı.

Evliya Çelebi, "Seyahatname"sinde, İstanbul'da o zamanlar 300 kahve deposu olduğunu, kahvenin kantarla satıldığını ve kahveden vergi alındığını belirtir.

Kahve içimi, Şeyhu'l-İslâm Ebu's-Suud Efendi'nin kahvenin içilmesine şiddetle karşı çıkması ve kahvenin haram olduğuna dair verdiği fetvayla yasaklama yoluna gidilmiştir. Fakat kahve içiminin alışkanlık haline gelmesi, kahvenin zararlarının azalması ve kahvehanelerin kapatılmasıyla kahve içimi zamanla serbest bırakılmıştır.

İLK KAHVEHANE

Yurdumuzda ilk kahvehane, 1554 yılında, Kanuni Sultan Süleyman zamanında, İstanbul'da açıldı. Halep'ten gelen Hakem ve Şam'dan gelen Şems adlı iki kişi, İstanbul'da Tahtakale semtinde ilk iki kahvehaneyi açmıştır. Halk, kahvehanelere ilgi gösterince, kısa zamanda yurdun her yerine dağılan kahvehanelerin sayıları çoğaldı.

Bazı din adamlarının, hem kahve içimi, hem kahvehane açılmasına karşı çıkmaları ve bazı padişahların burada sakıncalı siyasî konuşmalar yapıldığı yolundaki baskıları sonucu, çeşitli dönemlerde kahvehaneler kapatılmıştır. Fakat bütün bu yasaklamalara rağmen kahvenin ve kahvehanelerin giderek yaygınlaşmasının önüne geçilememiştir.

İlk kahvehanelerde sedirlerde oturulurdu. Kahvehanelerin ortasındaki fıskiyeli mermer havuz, kahvehanelere gelenlere serinlik verirdi. Kahvehanelere gelenler diz çökerek yada bağdaş kurarak kahvelerini yudumlarken bir yandan da meddahların anlattığı hikayeleri dinlerlerdi. Kahvehaneler, ilk zamanlar bir mektep rolü üstlenmiştir.

İLK KALP NAKLİ

Ülkemizde ilk kez bir insandan diğerine kalp naklini, 22 Kasım 1968 tarihinde Ankara Yüksek İhtisas Hastanesi'nde Dr. Kemal Beyazıt gerçekleştirdi. 14 yaşındaki fırın işçisi Erdal Yıldırım'ın kalbi, 3 çocuklu anne 41 yaşındaki Maviş Karagöz'e takıldı. Ancak hasta, onsekiz saat sonra öldü. Opr. Dr. Siyami Ersek, Ankara'da yapılan kalp nakli ameliyatından üç gün sonra, 25 Kasım 1968 günü, bu kez İstanbul Haydarpaşa Göğüs Cerrahisi'nde, Türkiye'de ikinci kalp nakli ameliyatını yaptı. Ersek, trafik kazasında ölen 50 yaşındaki bekçinin kalbini, 26 yaşındaki Ali Akgül'e taktı. Bu hasta da, 39 saat sonra öldü.

İnsandan insana ilk kalp naklini, 1966'da Dr. Christian N. Bernard Güney Afrika'da gerçekleştirmişti.

İLK KARİKATÜR

Türkiye'de ilk karikatür, Teodor Kasap'ın 1870'te çıkardığı Diyojen adlı mizah dergisinde yayınlandı. Kimin tarafından yapıldıkları bilinmeyen imzasız üç örnek, Türk karikatür sanatının ilk ürünleridir.

Ülkemizde karikatürde ilk imza ise, Cem adında bir ressama aittir. Aynı zamanda ilk Türk karikatürist olan Cem, çıkardığı Cem Dergisi'nde batı anlayışına uygun olarak Osmanlı Devleti'ni ve idarecilerini hicvetmiştir.

Cumhuriyet'in ilk yıllarında Necmi Rıza, Orhan Vural, Sedat Nuri İleri, Münif Fehim, Rıfkı, Ramiz gibi büyük karikatüristler yetişmiştir.

İLK KARTPOSTAL

Kartpostal, haberleşmede kullanılan bir yüzü resimli diğer yüzü adres ve yazı yazmaya ayrılmış posta kartıdır.

Türkiye'de ilk kartpostal, 1874 yılında posta örgütünün kurulmasıyla birlikte kullanılmaya başlandı. Ancak, Türkiye'de ilk kartpostalın kimler tarafından kullanıldığı bilinmiyor.

Türkiye'de kartpostal basımcılığının öncüsü, Ebuzziya Tevfik Bey'dir. Ebuzziya Tevfik, kitap, dergi ve gazete gibi basılı ürünlerin yanı sıra 19. yüzyıl sonlarında kartpostal basımcılığı da yapmıştır. Renkli ve siyah beyaz olarak bastığı, resimlerin Lâtin ve Arap harfleri ile yazılmış küçük notlarla açıklandığı kartpostalları, Sultanlar, Saraylar, Meşâhir, Meşhur Osmanlı Paşaları, Dünya Meşhurları ve Osmanlı tipleri olmak üzere altı seriden oluşur.

Türkiye'de basılan ilk renkli kartpostal, Üzerinde Kayser (Kaiser) Wilhelm ve kraliçenin resimlerinin, ayrıca Türk ve Alman bayrakları ile kısa bir açıklamanın bulunduğu kartpostal'dır. Bu kartpostal, Almanya İmparatoru II. Wilhelm'in 18 Ekim 1898'de İstanbul'u ziyaretini ebedileştirmek için Ebuzziya Tevfik tarafından basılmıştır.

İLK KAŞAR PEYNİRİ

İlk kaşar peyniri, 19. yüzyılın ortalarında Türkiye'de yapılmıştır. O zamanlar Türkiye sınırları içinde bulunan Selanik'te Raşel isminde bir Yahudi kızı tarafından bir tesadüf eseri olarak üretilen kaşar peyniri, zamanın tat uzmanı bir hahamın, "yenilebilir" anlamında "kaşar" damgasını vurmasıyla, bu adı aldı.

İlk Türk kaşar peyniri ise, Cumhuriyet'in ilanından sonraki yıllarda, 1926'da, Filibeli Fehmi Bey ile Süleyman Bey'in mahiyetindeki Nigalay, Nuri, Bünyamin ve Nesim adlı dört işçi tarafından Kars merkez Kümbetli köyünde yapılmıştır.

Yağ ve protein bakımından zengin olan koyun sütünden yapılması gerekirken, günümüzde daha çok inek sütünden yapılan kaşar, ülkemizin genellikle Afyon, Bursa, Edirne, Kars ve Kırklareli yörelerinde yapılmaktadır.

İLK ARKEOLOJİK KAZI

Türkiye'de ilk arkeolojik kazıyı, Alman Heinrich Schliemann yaptı. 1870 yılında Çanakkale yakınında Hisarlıtepe'de Alman H. Schliemann tarafından yapılan kazılar sonucu, Homeros'un İlyada destanında adı geçen Truva şehri ortaya çıkarıldı.

"Truva'yı bulan adam" olarak tarihe geçen 1822 doğumlu Alman arkeolog Heinrich Schliemann, kazılarda harcadığı paraları, Rusya'da ticaret yaparak biriktirmişti.

Türkiye'de daha sonraki yıllarda yapılan arkeolojik kazılar sonucu, Belbaşı, Baradiz, Macunçay, Tekkeköy, Sakçagözü, Palanlı, Alişar, Alacahöyük, Beycesultan, Tilkitepe gibi Anadolu'nun tarih öncesi çağlarını aydınlatan çok önemli merkezler ortaya çıkarılmıştır.

İLK KİBRİT FABRİKASI

Ülkemizde kibrit, önceleri Avrupa ülkelerinden ithal ediliyordu. 1 Haziran 1929 yılında çıkan bir kânunla kibrit yapımı, ithali ve satışı, adı sonradan Tekel Müdürlüğü olan İnhisarlar Genel Müdürlüğü'ne verildi.

Yurdumuzda ilk kibrit fabrikası, İnhisarlar Genel Müdürlüğü adlı teşkilat tarafından, 1932 yılında, İstanbul'da, Büyükdere-Bahçeköy yolu üzerinde açıldı. 1952 yıllında kibrit yapımı, ithali ve satışı serbest bırakıldı. Bundan sonra Tekel'in yanı sıra, özel teşebbüse ait fabrikalar da kurulmaya başladı.

İLK KİTAP BASIMI

Türkiye'de ilk kitaplar, gayrimüslimler tarafından basılmıştır. Osmanlı Devleti'nde ilk kitap basımı, 1488 yılında gayrimüslimler tarafından İstanbul'da açılan ilk matbaada gerçekleştirildi. Gayrimüslim azınlıklar tarafından İstanbul'da Sultan II. Bayezid zamanında 19, Yavuz Sultan Selim zamanında 33 kitap basılmıştı.

İlk Türkçe kitaplar ise, 1729 yılında İbrahim Müteferrika basımevinde basıldı. İlk olarak İbrahim Müteferrika'nın Yavuz Sultan Selim semtindeki evinde kurulan matbaada basılan ilk kitap, Vankulu Lügati idi. İsmail Cevherî isimli bir İslâm âliminin yazdığı "Sıhâh-ı Cevherî" adlı eseri, Vanlı Mehmet Efendi tarafından Türkçeye çevrilmişti.

İbrahim Müteferrika, ölümüne kadar matbaada 17 kitap basabilmişti. Basılan ilk kitaplar sözlük, tarih ve coğrafya türündendi.

İLK KIZ OKULLARI

Yurdumuzda Tanzimat öncesinde, erkek çocukların okutulması ve yetiştirilmesi amacıyla batı tarzında yeni okullar açılmıştı. İlk zamanlar kız çocuklarının okutulmasına pek önem verilmediğinden, kız çocuklarının sıbyan mekteplerinden yukarı derecede tahsil görmeleri mümkün değildi. Sıbyan mekteplerinde kızlarla erkek çocuklar birlikte eğitim görürler, kızlar biraz kuran okurlar, namazda okunacak sureleri ve duaları ezberlerlerdi.

Kızların okuması için ilk kız rüşdiyesi, 1858-1859 yılında İstanbul'da açılmıştır. 16 yıl sonra İstanbul'daki kız rüşdiyesinin sayısı 9'u bulmuş, öğrenci sayısı ise 294 olmuştur. Kız rüşdiyelerine öğretmen yetiştirmek için 1869-1870 yılında "Dar-ül-muallimat" (Kız Muallim Mektebi) açılmıştır.

Türkiye'de ilk kız lisesi, "İnas İdadisi", yani "Kızlar Lisesi" adıyla 1911'de İstanbul'da açıldı. Çeşitli yerlede öğretim yapan okul, sonunda şimdiki İstanbul Kız Lisesi (Cağaloğlu Anadolu Lisesi)'nin yerine taşındı.

İlk kız sanat okulları, II. Abdülhamit zamanında açılmıştır. Nitekim bilgili bir kişi olan Abdüllatif Subhi Paşa'nın ilk defa bir kız sanat okulu açma teşebbüsünde tereddüt geçirmesi ve titizlenmesi üzerine Abdülhamit, "Sen mektebi aç, ben arkandayım", diyerek açıktan destek vermiş ve çevresini, daima kızların okuması için ilk adımları atmaya teşvik etmiştir.

İLK KIZILAY DERNEĞİ

İlk Kızılay Derneği, 11 Haziran 1868'de İstanbul'da, "Osmanlı Mecruhîn-i Askerî Muavenet Cemiyeti" (Osmanlı Yaralı Askerlerine Yardım Cemiyeti) adıyla kuruldu. Kızılay'ın ilk kurucuları Dr. Abdullah Bey, Sedrâr-ı Ekrem Ömer Paşa, Marko Paşa, Edhem Paşa, Della Suda Fâik Paşa ve Hüseyin Hilmi Paşa'dır.

14 Nisan 1877'de Osmanlı Hilâl-i Ahmer Cemiyeti adını alan cemiyet, Cumhuriyetin ilanından sonra, 1923'te, Türkiye Hilâl-i Ahmer Cemiyeti oldu. 1925'te genel merkezi İstanbul'dan Ankara'ya taşındı. Cemiyetin adı, 1935 yılında Türkiye Kızılay Cemiyeti olarak değiştirildi. 1947 yılında ise Kızılay adını aldı. Hilâl-i Ahmer Cemiyeti (Kızılay) günü, ilk kez 1929 tarihinde kutlandı.

Günümüzde ise Türk Kızılayı adıyla Türkiye'de ve tüm dünyada insanlığa hizmet sunmaya devam ediyor.

İLK KOALİSYON KABİNESİ

Koalisyon, bir hükümeti birkaç partinin birleşerek kurmasıdır. Ülkemizde ilk koalisyon hükümeti, 20 Kasım 1961'de, Cumhuriyet Halk Partisi ile Adalet Partisi arasında İsmet İnönü başbakanlığında kuruldu. Meclislerde hükümet kuracak çoğunluk sağlanamadığından, değişik partilerin ortaklaşa kurup desteklediği bu tür hükümet kurma biçimi, tarihimizde ilk kez uygulanıyordu.

İlk Koalisyonda, Ali Akif Eyidoğan, Devlet Bakanı Ve Başbakan Yardımcısı; Turhan Feyzioğlu Devlet Bakanı; Avni Doğan, Devlet Bakanı; Necmi Ökten, Devlet Bakanı; Nihat Su, Devlet Bakanı; Kemal Sahir Kurutluoğlu, Adalet Bakanı; İlhami Sancar, Milli Savunma Bakanı; Hıfzı Oğuz Bekata, Devlet Bakanı; Ahmet Topaloğlu İçişleri Bakanı; Selim Rauf Sarper, Dışişleri Bakanı; Feridun Cemal Erkin, Dışişleri Bakanı; Osman Şefik İnan, Maliye Bakanı; Mehmet Hilmi İncesulu, Milli Eğitim Bakanı; Mehmet Emin Paksüt, Bayındırlık Bakanı; İhsan Gürsan, Ticaret Bakanı; Süleyman Suat Seren, Sağlık Ve Sosyal Yardım Bakanı; Şevket Pulatoğlu, Gümrük Ve Tekel Bakanı; Cavit Oral, Tarım Bakanı; Mustafa Cahit Akyar, Ulaştırma Bakanı; Bülent Ecevit, Çalışma Bakanı; Fethi Çelikbaş, Sanayi Bakanı; Kâmran Evliyaoğlu, Basın-Yayın Ve Turizm

Bakanı; Mehmet Muhittin Güven, İmar ve İskan Bakanı olarak görev yapmıştır.

İlk Koalisyon Kabinesini, 25 Haziran 1962'de kurulan CHP-YTP-CKMP izlemiş, daha sonraki yıllarda sık sık değişen koalisyon hükümetleri kurulmuştur.

İLK KONSERVATUVAR

Türkiye'de ilk konservatuvar, Darülbedayi (Güzellikler Evi) adıyla 1914 yılında İstanbul'da Şehzadebaşı'nda açıldı. İstanbul Şehremini Belediye Başkanı Cemil Topuzlu Paşa'nın girişimleriyle açılan ve ilk resmi sahne ve müzik sanatları okulu olan Darülbedayi, 1916 yılında halka açık ilk oyunu sergiledi. 20 Ocak 1916'da Asker Ailelerine Yardım Cemiyeti yararına ilk kez oynanan bu oyun, bir adaptasyon olup "Çürük Temel" adını taşıyordu. Birinci Dünya Savaşı başlayınca okuldaki eğitim belirsiz bir süre için ertelenmiştir.

İlk devlet konservatuvarı, "Darül-Elhan" adıyla, 1 Ocak 1917 tarihli Meclis-i Vükela (Bakanlar Kurulu) kararı ile kurulmuştur. Daha çok Türk Müziği'ne ağırlık verecek dört yıllık bağımsız bir okul olan Darül-Elhan adı anlamca "konservatuvar" terimini karşılamaktadır ve Melodiler/Nağmeler Evi anlamına gelmektedir. Darül-Elhan, Osmanlı Döneminde İstanbul'da kurulmuş olan ilk resmi müzik okuludur. 1925'te Belediye'ye bağlanan bu okul, İstanbul Konservatuvarı adını almıştır.

İLK KONSERVE FABRİKASI

Yurdumuzda ilk konserve fabrikası, 1891 yılında İstanbul'da kuruldu. Bunu 1904'te Selânik'te, 1907-1908 yıllarında Ermiş Kilyakidis tarafından İstanbul Beyoğlu'ndaki bakkaliyenin üst katında iptidai bir şekilde yapılan kutu konserveciliği izledi. 1910'da İzmir'de ve İstanbul'da yeni fabrikalar kuruldu. 1919'da da Müttehit Ermis-Emniyet Kartal Konserve Fabrikası kurulmuş, bunu başka fabrikalar izlemiştir.

İlk Modern Konserve Fabrikası, 1925 yılında İhsan Celal Antel tarafından Bursa'da kurulmuştur. Bilhassa 1950'den sonra Türk konserveciliğinde büyük gelişmeler görüldü.

İLK KOOPERATİFÇİLİK

Yurdumuzda ilk kooperatifçilik, 1863 yılında Mithat Paşa tarafından kurulan ve geliştirilen Memleket Sandıkları ile başladı. Kooperatif tarifine uygun şekildeki ilk deneme ise, yine Mithat Paşa tarafından 1863'te Tuna vilâyetinde Zirâî Kredi ve Zirâî Satış Kooperatiflerinin kurulması suretiyle olmuştur.

Ülkemizde ilk kooperatif terimi, 1913 yılında, Aydın'da kurulan "Kooperatif Aydın İncir Müstahsilleri Anonim Şirketi" ile kullanıldı. Bunu cumhuriyet'in ilk yıllarında kurulan bazı tarım satış ve tarım kredi kooperatifleri takip etmiştir.

Kooperatifçilik alanında ilk yasal düzenleme ise 1935 yılında Atatürk'ün öncülüğünde çıkarılan 2834 ve 206 sayılı Tarım Satış ve Tarım Kredi Kooperatifleri Yasaları'dır. Bu yasaların çıkarılmasıyla kooperatifler ekonomik hayatta önemli bir yer almaya başlamışlardır.

İLK KOT PANTOLON

Türkiye'de ilk kot üretimi, 1940'lı yıllarda Muhteşem Kot tarafından yapıldı. 1940'da Fransa'ya yaptığı bir gezide blucin'le karşılaşan Muhteşem Kot, sağlamlığına ve dikim tarzına hayran kaldığı bu kumaşı Türkiye'de üretmeye başladı. 1960 yılında "Kot" adı markalaştı. O dönem köylüler ve işçiler tarafından çok tutulan bu kumaştan pantolonun yanı sıra gömlek, elbise, ceket, etek yapılmaya başlandı.

1980'li yıllardan sonra serbest piyasa ekonomisine geçilmesiyle kapılar açılıp yabancı markalar yerli piyasaya girince rekabete dayanamayan Kot firması fabrikasını kapatmıştır.

KÖMÜRÜ İLK BULAN KİŞİ

Türkiye'de 1827 yılından beri, maden kömürü ile çalışan buharlı gemiler kullanılıyordu. Bu gemilerin ihtiyacı olan kömür, ithalat yoluyla karşılanıyordu. Devrin padişahı II. Mahmut, her tarafa emirler gönderip maden kömürü aranmasını istemiş ve bulana da ödüller vaat edilmişti.

Padişah II. Mahmut zamanında, 8 Kasım 1829 yılında "Uzun Mehmet" adlı bir deniz eri, Zonguldak Ereğlisi'nin Kestenli Köyü'nde ilk kömür yatağını keşfetti. Sultan İkinci Mahmut Han tarafından (50 kese altın) ödüllendirilen ve kendisine kaydı hayat şartıyla 600 kuruş maaş bağlanan Uzun Mehmet, bir heyetle Zonguldak'a dönüp, kömürü bulduğu yeri göstereceği sırada kahvesine zehir konarak 1829'da öldürüldü.

Karadeniz Ereğlisi'nden, İnebolu'ya kadar 180 kilometrelik bir uzunluk ve 50 kilometrelik derinlikten oluşan ilk kömür yatağından çıkarılan kömürler, donanmada kullanıldı. Bölgede yeni kuyular açılarak 1893'te üretim arttırıldı. Günümüzde kömür üretimi, Türkiye Kömür İşletmeleri ve bazı özel şirketler tarafından gerçekleştirilmektedir.

İLK KÖYLÜ KADIN MİLLETVEKİLİ

Ülkemizde ilk köylü kadın milletvekili, Satı Çırpan'dır. Mustafa Kemal Atatürk, 1934 yılında Ankara'nın Kızılcahamam ilçesinin Kazan Köyü'ne yaptığı bir gezide, Satı Çırpan adlı zeki bir Türk kadını ile tanıştı. Kazan Köyü'nün muhtarı olan ve seçimle köy idaresinin başına geçmiş olan Satı Kadın, Atatürk'e ayran ikram etmiş ve köy hakkında bilgi vermiştir. Atatürk "İşte mebus olacak kadın" dediği bu muhtarın ismini ve köyünü kaydettirmiş ve Satı Kadın diye anılan Satı Çırpan'ın, 1935-39 döneminde Ankara Milletvekili olmasını sağlamıştır.

Türk tarihinde ilk köylü kadın milletvekili olan Satı Çırpan, Atatürk'ün dileğiyle, adını "Hatı" olarak değiştirdi. Hatı Çırpan, 1956 yılında öldü.

İLK KRAVAT

Hırvatlar, boyunlarına uzun bez kurdeleler takarlardı. Bundan dolayı çeşitli kumaş ve derilerden yapılmış boyuna takılan ve kendine has bağlama şekli olan boyun bağlarına kravat adı verilmiştir.

Ülkemizde ise ilk kravat, Tanzimat'tan sonra kullanılmaya başlanmıştır. Tanzimat'tan sonra Osmanlı aydınlarının değişik tipte takmaya başladıkları kravat, zamanla erkek giyiminin bir parçası haline gelmiştir. Türkiye'de kravat takan ilk padişah, Sultan Abdülmecid olmuştur. İlk başlarda aydınlar arasında kendine yer bulan kravat padişahın da kullanmasıyla devlet dairelerine girmiş oldu.

İlk kez Hırvatlar tarafından icat edilen kravat, 1635'te 35 Yıl Savaşları sırasında Avrupa'da yayılmış ve bir aksesuar olarak kabul görmüştür.

İLK KREDİ KARTLARI

Türkiye'de ilk kredi kartı kullanımı, 1968 yılında Diners Clup ile oldu. Hemen ardından da American Express kartı Türkiye'de kullanılmaya başlandı. Bu kartlara o yıllarda sadece birkaç bin kişi sahipti. Türkiye'de ilk kredi kartı, 1968'de çıkarılmıştır. 1968'de Koç grubuna bağlı Setur A.Ş., Diners Club'tan kart çıkarma yetkisi alarak kredi kartı ihracına (issuing) başlamıştır.

1983 yılından itibaren MasterCard'ın ardından Visa kartlarının da Türkiye'de sisteme girmesiyle, kredi kartları çok daha geniş kitleler tarafından benimsenmiş ve kullanılmaya başlanmıştır. Zamanla kredi kartları ile birlikte, özel mağaza kartları da kullanıma sunulmuştur.

İLK KRİMİNOLOJİ

Yurdumuzda kriminoloji alanında ilk çalışmalar, Yunan asıllı Vassilaki Kargopoulo (1826-1886) tarafından başlatılmıştır. Kriminolojide bir ilke imza atan Kargopoulo, Osmanlı Nazırı Kamil Paşa'nın emriyle İstanbul hapishanelerindeki mahkûmların resimlerini çekmiştir. Çekilen fotoğraflar daha sonra karakollara gönderilmiş, böylece yeni vakalarda suçluların tespitinde bu fotoğraflardan faydalanılmıştır.

Cumhuriyet döneminde kriminoloji alanında önemli gelişmeler olmuştur. Ülkemizde ilk olarak, 1943 yılında, İstanbul Üniversitesi Hukuk Fakültesi'nde Kriminoloji Enstitüsü kurulmuş ve 1953 yılında İstanbul Üniversitesi Hukuk Fakültesi bünyesinde Kriminoloji eğitimine başlanılmıştır. Kriminoloji'nin Türkiye'deki ilk kurucusu ve eğitimcisi, Ord. Prof. Dr. Sulhi Dönmezer'dir.

İLK KUMAR KULÜBÜ

İlk kumar kulübü, "Encümen-i Ülfet" adıyla 1870 yılında, İstanbul Çemberlitaş'taki Asım Paşa Konağı'nda açıldı. Zamanın Maliye Nazırı Mustafa Fazıl Paşa tarafından kurulan bu kulübe, yalnız yüksek devlet memurları girebiliyordu. Kulübün salonlarında sohbet, yemek ve oyun gibi zevklerle vakit geçirilirdi. Türkiye'de ilk düzenli kıumar oynatılan yer, bu ilk kulüp olmuştur. Böylece ilk kez, serbest kumar oynama devletin onayından geçmiş oluyordu.

Bir seneden fazla faaliyette bulunan Encümen-i Ülfet, Mahmut Nedim Paşa'nın sadrazamlığı zamanında kumarın suç olduğundan, alenen oynatılmasına izin verilmesinin caiz olmadığından hareketle hükümet tarafından kapatılmıştır.

İLK KÜREK SPORU

Türkiye'de Kürek sporu, İstanbul'un fethiyle başlamış ve 16. yüzyıldan itibaren önemli gelişmeler kaydetmiştir. Bu dönemlerde padişah ve saray ileri gelenleri, yarışları İncili Köşk'ten seyrederlerdi.

Tarihin kaydettiği ilk önemli yarışma, 1579 yılında İstanbul'da yapılmıştır. Saltanat kayıkları arasında yapılan, Haliç'te tersane önünden başlayıp Sarayburnu açıklarında sona eren bu iddialı kürek yarışlarını izleyen devrin padişahı III. Murat, yarıştan memnun kalmış, İlk iki sırayı elde eden kayıkların kürekçi ve dümencilerine ihsanlarda bulunmuş, onlara kese kese altın dağıtmıştı. Büyük çekişme içinde geçen ve 25 kayığın katıldığı yarışta birinciliği Sadrazam Sokullu Mehmet Paşa'nın kayığı kazanırken, Şark Orduları Serdarı Ferhat Paşa'nın teknesi de az bir farkla ikinci olmuştu.

Türk kürekçiler, uluslar arası alandaki ilk başarılarını, Singapur'da göstermişlerdir. 1899 yılında, Singapur'u yöneten İngiliz valisinin isteği üzerine yarışmalara katılan Ertuğrul firkateyni kürekçileri, Singapur yarışlarında birinci olmuşlardır.

Harbiye Nazır Enver Paşa'nın önayak olmasıyla ilk ciddi kürek yarışları düzenlenmeye başlamıştır. Türkiye'de ilk resmi kürek yarışmaları ise 7 Eylül 1913'te Donanma-i Osman-i Muavenet-i Milliye Cemiyeti tarafından Sultan Reşad himayesinde İstanbul Moda'da düzenlendi. 1924 yılında Deniz Sporları Federasyonu'na bağlanarak faaliyetlerini uzun süre bu kuruluşun bünyesinde gerçekleştiren kürek sporu, 1957'de kurulan Kürek Federasyonu'yla bağımsız bir federasyona kavuştu. Eftal Nogan, Kürek Federasyonu'nun ilk başkanı oldu.

Günümüzde federasyon tarafından kulüplerarası Türkiye Şampiyonaları düzenlenmektedir.

İLK KÜTÜPHANE

Türkiye'de, kütüphanelerin geçmişi 900 yıl öncesine dayanmaktadır. İlk dönemlerde kitaplar, camii, türbe, tekke, medrese ve imarethane gibi yerlerde korunmuşlardır. Kitaplar, 17. yüzyıldan sonra bir külliye içinde yada vakıf eliyle yönetilen bağımsız kütüphane yapılarında toplanmaya başlanmıştır.

Türkiye'de kurulan ilk kütüphane, 1661 yılında Köprülü Fazıl Ahmet Paşa tarafından İstanbul'da kurulan "Köprülü Kütüphanesi"dir. Kubbeyle örtülü kare planlı kapalı hacimle bir giriş revağı olan Divanyolu'nda Köprülü Fazıl Ahmet Paşa Külliyesi'nde açılan bu kütüphane, ayrı bir kuruluş olarak düzenlenmiştir. Daha sonraki yıllarda Anadolu'nun bir çok yerinde kütüphaneler kurulmuştur. 1618 Yılında Kayseri'nin Tavlusun Köyü'nde Sadrazam Halil Paşa Kitaplığı, Mehmet Paşa'nın Erkilet'teki Kitaplığı, 1795'de Konyada Yusuf Ağa Kütüphanesi, Anadolu'da kurulan önemli kitaplıklardandır.

Yurdumuzda devlet eliyle kurulmuş ilk kütüphane ise 1882 yılında kurulan ve bugün de "Beyazıt Devlet Kütüphanesi" adıyla hizmet veren "Kütüphane-i Osmaniye"dir.

İLK MAÇ VE SPOR SPİKERİ

Türkiye'nin ilk maç ve spor spikeri, Sait Çelebi'dir. Kendine özgü renkli anlatım ustalığıyla tanınan Sait Çelebi, Askerî Tıbbiye'de öğrenciyken Fenerbahçe Spor Kulübü'nde futbol ve hokey oynadı.

1919 ile 1921 yılları arasında "Spor Âlemi" adıyla bir spor dergisi çıkaran Sait Çelebi, 1953'de Ankara'da öldü.

İLK MADALYA

Madalya, muharebenin veya önemli bir olayın hatırası olmak üzere madenden yapılan nişandır. Müsabakalarda ödül veya sanat eserleri için de yine takdir nişanesi olarak madalyalar verilmektedir. Bazı muharebelerde ve vatana faydalı olanlara verilen madalyalar da vardır. Bunlar nişan gibi göğse de takılır. İmtiyaz, İftihar, Plevne, Yunan muharebe madalyaları gibi.

İlk madalya, 1730 yılında basılmıştır. Altından yapılmış olan bu madalyaya, "Ferahi" adı verilmişti. Sonra sırasıyla 1754 yılında "Sikke-i Cedit", 1801 yılında Vak'a-i Mısriyye", 1824'te "Hilâl-i Osmanî", 1831'de "İşkodra", 1833'te "Hünkâr İskelesi", 1839'da "İftihar" madalyaları basılmıştır.

Sultan Abdülmecit zamanında 21, Sultan Abdülaziz zamanında 5, Sultan İkinci Abdülhamit zamanında 19 çeşit madalya basılmıştır. Bu madalyaların bir kısmı çıkan harplerde liyakat gösterenlere verilmek üzere basılmış, sadece o muharebede bulunanlara verilmiş ve ondan sonra kimseye verilememiştir. Bir kısmı da bir işte yararlılık gösterenlere veya emsalleri arasında üstünlük gösterenlere verilmek üzere basılmıştır.

İLK MADEN SUYU

Türkiye'de ilk çağlardan bu yana sağlık amacıyla kullanılan maden suları, ilk defa Frigler tarafından kullanılmıştır. Daha sonraki dönemlerde Romalılar, Selçuklular ve Osmanlılar maden sularından sağlık amacıyla faydalanmışlardır.

Türkiye'de ilk maden suyu olan İnegöl'deki "Çitli Maden Suyu" tesisleri, 1855 yılında Avrupalı tüccarlar tarafından işletilmiştir. Türkiye'nin ilk yap işlet devret modelinin uygulandığı Çitli Maden Suyu tesisinde üretilen maden suları, öküz arabalarıyla Mudanya'ya, oradan da İstanbul'a taşınarak Osmanlı Sarayı'nda şifa niyetiyle tüketilmiştir.

İlk ruhsatlı maden suyu tesisi ise 1870 yılında Bursa Çaybaşı'nda bulunan Keşişdağı (Uludağ) Madensuyu'dur. Afyon Gazlıgöl'deki maden suyu ise ilk defa 1900 yılında keşfedilmiştir. 1903 yılında tahlili yapılarak sağlıklı olduğu anlaşılan bu suyun işletme imtiyazı, Sultan Abdülhamit tarafından Şişli Çocuk Hastanesi'ne verilmiş ve bu hastane yararına, 1. Dünya Savaşı sonuna kadar mineralli sular çalıştırılmıştır. Daha sonra 1926 yılında Atatürk'ün emri ile Afyon Gazlıgöl'deki maden suyunu işletme hakkı Kızılay Derneği'ne verilmiştir. 1950'li yıllardan itibaren ülkemizin değişik yörelerinde madensuyu isletmeleri açılmaya başlanmıştır.

İLK MAKALE

Her konuda bir görüşü savunmak, bir fikri ispat etmek veya bir konuda bilgi vermek amacıyla yazılan yazılara makale denir. Bir gazete yazısı olan makale, Türk edebiyatına ilk defa Tanzimat'tan sonra girmiştir.

Yurdumuzdaki ilk makale, Şinasi tarafından yazılmış olan Tercüman-ı Ahval Mukaddimesi'dir. İlk makaleyi yazan Şinasi, aynı zamanda ilk şiir çevirisini yapan ve noktalama işaretlerini ilk kez kullanan ilk Türk gazetecisidir.

Tanzimat'tan sonraki dönemde büyük makale yazarlarımız yetişmiştir. Nâmık Kemâl, Ziyâ Paşa, Ali Fuat Başgil, Nihad Sâmi Banarlı ve Samed Ağaoğlu, meşhur makale yazarlarımızdandır.

İLK MALİYE NAZIRI

Osmanlılarda ilk başlarda maliye işlerine defterdarlar bakıyordu. Maliye işlerine bakan idareye de Bab-ı Defterî denilmiştir. İlk Maliye Nezareti (Umûr-ı Mâliye Nezâreti), II. Mahmut zamanında 1838 yılında kurulmuştur. Bütün mali işlerin bir elden idaresi kararının alınmasından sonra mali işlerdeki bilgisi ile ön plana çıkan Mansure defterdarı bulunan Nafiz Paşa vezaret rütbesiyle ilk Maliye Nazırı olmuştur.

2 Mayıs 1920 tarihinde çıkarılan bir kanunla kurulan ilk Türkiye Büyük Millet Meclisi Hükümeti'nde Maliye Vekâleti adını alan Maliye Bakanlığı'nın başına da Hakkı Behiç Bey getirilmiştir. 30 Ekim 1923 günü Meclis'ten güvenoyu alarak göreve başlayan İlk Cumhuriyet Hükümeti'nin Maliye Vekili ise Gümüşhane Milletvekili Hasan Fehmi Bey olmuştur.

İLK MARŞ

İlk Marşımız, 1831 yılında Sultan İkinci Mahmut için Mızıka-i Hümayun Bando şefi Donizetti Paşa tarafından bestelenen "Mahmudiye" diğer adıyla "Marche İmperiale Ottomane" (Osmanlı Millî Marşı)'dir. 1839 yılında tahta çıkan Abdülmecit zamanında "Mecidiye Marşı", Sultan Abdülaziz zamanında "Aziziye Marşı", millî marş olarak kullanıldı.

Sözlü ilk millî marş ise Sultan İkinci Abdülhamit'in saltanatı boyunca kullanılan "Hamidiye Marşı"dır.

Her padişahla millî marş değişmiş, devlet marşı denilebilecek bir marşın eksikliği hissedilmiştir. Ancak son hükümdar Sultan VI. Mehmet Vahdeddin, Mahmudiye Marşı'nın "imparatorluk marşı" olarak devamını emretmiştir. Böylece Osmanlı Devleti, millî bir marşa kavuşmuştur.

Donizetti Paşa'nın bestelediği Cenk Havası ve Cezayir Marşı, II. Mahmut'un "Asâkir-i Mansure-i Muhammediyye" ve Rıfat Bey'in "Annem Beni Yetiştirdi-Bu Ellere Yolladı" adıyla besteledikleri marşlar da, en eski marşlardır.

1923 yılına kadar askeri marşlar dışında hiçbir marş bestelenmemişti.

İLK MİLLİ MARŞ

1921 yılı başlarında, Milli Eğitim Bakanlığı Millî Mücadele ruhunu terennüm edecek ve yeni Türk devletinin bağımsızlık sembolü olacak bir marş yazılması için yarışma açtı ve bu iş için 500 lira ödül koydu. Yarışmaya 724 şiir katılmıştı. Ancak, Mehmet Akif Ersoy'un da içinde bulunduğu bazı tanınmış şairler, yarışma ödüllü olduğu için, marş yazmaya katılmadılar.

Zamanın Milli Eğitim Bakanı Hamdullah Suphi Tanrıöver, 5 Şubat 1921 günü bir mektupla Mehmet Akif'in de bu yarışmaya katılmasını, para ödülünün kendisi için söz konusu olmadığını bildirdi. Mehmet Akif de "Kahraman Ordumuza" diye sunduğu "İstiklal Marşı" başlıklı şiirini, yarışma kuruluna gönderdi. Yarışmaya katılan şiirlerden altı tanesi seçilerek ve Mehmet Akif'in şiiri, Meclis'te değerlendirildi. TBMM'nin 12 Mart 1921 günkü toplantısında İstiklal Marşı, millî marş olarak kabul edildi.

Mehmed Âkif Ersoy'un yazdığı şiir İstiklâl Marşının güftesi olarak kabul edildikten sonra, marşın bestelenmesi için ayrı bir müsabaka açıldı. Marşı besteleme yarışmasına ise 24 besteci katıldı. Kurtuluş Savaşı nedeniyle besteleme işi yarıda kaldı. Seçiciler Kurulu, 1924 yılında Ali Rıfat Çağatay'ın bestesini benimseyerek okullara duyurdu. 1930 yılına kadar altı yıl boyunca bütün resmî törenlerde İstiklal Marşı bu besteyle çalındı ve söylendi. Pek beğenilmeyen bu beste, 1930 yılında değiştirildi ve bu bestenin yerine Cumhurbaşkanlığı Orkestrası Şefi Zeki Üngör'ün bestesinin çalınması istendi. Bu tarihten sonra da Üngör'ün bestelediği İstiklal Marşı, "Milli Marş" olarak benimsendi.

İLK MASON LOCALARI

Türkiye'de ilk mason locası, 18. yüzyılda Üçüncü Ahmet döneminde Lâle Devri'nin zevk çılgınlığı içinde kurulmuştur. Kont dö Bonval (Daha sonra Humbaracı Ahmet Paşa adını almıştır) tarafından, Fransız masonlarına bağlı olarak, 1721 yılında Galata'da, Arap Camii civarında açılan loca, 1748'de I. Mahmud tarafından kapattırılmış ve Masonluk yasaklanmıştır.

İlk Mason Locası'na pek çok gayr-i Müslim yanı sıra bazı Müslümanlar da kaydolmuştur. Sonraları Sadrazamlığa kadar yükselebilen, Paris'e giden ilk Osmanlı Büyükelçisi olan Yirmisekiz Mehmed Çelebi'nin oğlu Said Çelebi, kayıtlarda adı geçen ilk Türk Masonudur. İlk Türk matbaasının kurucusu olan İbrahim Müteferrika da ilk mason locasına kaydolanlardandır. Mustafa Reşid Paşa, Keçeci-zâde Fuad Paşa, Mithat Paşa, Namık Kemal, Ziya Paşa ve Ali Suâvi, Türkiye'nin tanınmış ilk önemli masonlarıdır.

Humbaracı Ahmet Paşa'nın Fransız masonlarına bağlı olarak yurdumuzda açtığı ilk mason locasını daha sonraki yıllarda İngiliz, İtalyan ve Polonyalılar hesabına kurulan diğer mason locaları takip etmiştir.

İLK MATBAA

Alman Johann Gutenberg'in 1450'li yılların başında matbaayı icadından kısa bir süre sonra baskı makinesi Osmanlı topraklarına geldi.

Türkiye'de ilk matbaayı 1493'te İstanbul'da İspanya'dan göç eden Museviler kurdu. 1495 yılında da Selanik'te bir basımevi açan Museviler, buralarda Tevrat, yorum, dilbilgisi ve tarih türünde kitap basarak, ilk basımevini gerçekleştirdiler. Bunları, İtalya'da basım işlerini öğrenen Tokatlı Apkaı adlı Ermeni asıllı bir yurttaşımızla, oğlu Sultanşah'ın 1567'de birlikte kurduğu basımevi izler. 1627'de Rumlar ilk matbaalarını açtılar.

İLK TÜRK MATBAASI

İlk Türk Matbaası, İbrahim Müteferrika ile Mehmet Sait Efendi'nin işbirliği sonucu 1727 Temmuz başlarında Sultan III. Ahmet'in fermanı ve Şeyhülislam Yenişehirli Abdullah Efendi'nin fetvasıyla İstanbul'da kuruldu. İlk olarak İbrahim Müteferrika'nın Yavuz Sultan Selim semtindeki evinde kurulan matbaanın bastığı ilk kitap, Vankulu Lügatı adında bir sözlüktü. İbrahim Müteferrika, ölümüne kadar matbaada 17 kitap basabilmiştir. Daha sonraki yıllarda yeni matbaalar kuruldu ve basın hayatında büyük gelişmeler meydana geldi.

İLK DEVLET BASIMEVİ

İlk devlet basımevi, "Matbaa-i Âmire" adıyla 1796 yılında kuruldu. 1745'te İbrahim Müteferrika'nın ölümünden sonra Matbaa-i Âmire'yi işletme hakkı I. Mahmut tarafından Rumeli kadılarından İbrahim ve Anadolu kadılarından Ahmet Efendilere verilmiş, fakat bunlar matbaayı gereği gibi işletememişlerdir. I. Abdülhamid zamanında 1783'te Beylikçi Vakanüvis Raşid Mehmed ile Vakanüvis Vasıf Efendi, basımevini İbrahim Mütereffrika'nın varislerinden satın alarak yeniden işletmeye başlamışlardır. Vasıf'ın ispanyaya elçi olarak tayin edilmesiyle çalışmalarını durdurmak zorunda kalan basımevini, Fransa'nın İstanbul elçisi Choisseul Gouffier'in ele geçirmek istemesi üzerine, hükümet basımevinin alet ve avadanlıklarını satın almış ve matbaayı, Mühendishane'ye taşımıştır. Başına da Mühendishane'nin geometri öğretmeni Abdurrahman Efendi "reisü't-tibaa" adıyla atanarak ilk devlet basımevi kurulmuş oldu.

1803 yılında Abdurrahman başkanlığında, Üsküdar'da açılan "Darü't-tıbbaatü'l-cedide", 1831'de II. Mahmud tarafından İstanbul yakasına taşıtıldı ve Kaptan-ı Derya İbrahim Paşa Camii Hamamı'nda işe başlatıldı. Mühendishane Matbaası ve "Darü't-tıbbaatü'l-cedide" adlı matbaanın yönetimi birleştirilerek 1864 yılında Matbaa-yı Âmire adıyla açıldı. Takvim-i Vekayi adlı gazete burada basıldı. 1939 yılında Millî Eğitim Bakanlığı'na devredilen bu basımevi, bugün Millî Eğitim Bakanlığı Basımevi olarak hizmet vermektedir.

İLK MAVZER

1879 yılında Türkiye ile Almanya arasında silah ve mühimmat antlaşması imzalanarak Almanya'nın 25 yıl içinde Türkiye'ye bir milyon mavzer teslim etmesi kararlaştırılmıştı. 21 Ocak 1879 günü Mahmut Şevket Paşa başkanlığında 279 kişiden oluşan Osmanlı Silah kontrol ve kabul komisyonu heyeti Obernburg kasabasındaki Mauser (Mavzer) silah fabrikasını gezerek silahları yerinde görmüşlerdir.

Türkiye'de ilk mavzer, 1886'dan sonra kullanılmıştır. Şarjörlü ve seri atışlı bir tüfek olan mavzer, Birinci Dünya Savaşı sırasında Osmanlı askerleri tarafından kullanılmıştır.

Mavzer, İğneli tüfeklerin yerini almak üzere, 1871'de Almanlar tarafından yapılmıştı.

İLK MEDENİ KANUN

Tanzimat'tan sonra bir medeni kanun hazırlanılması düşünülmüş, hatta Mecelle'den önce Metn-i Metîn adıyla bir kanun hazırlanması için girişimde bulunulmuş, fakat başarılı olunamamıştı.

Türkiye'de düzenlenen ilk medeni kanun, Mecelle-i Ahkâm-ı Adlîyye'dir. Mecelle, Ahmet Cevdet Paşa'nın başkanlığında kurulan Mecelle Cemiyeti'nin çalışmaları sonucunda hazırlanmıştır. Mukaddime ve ilk kitabı, 1869'da hazırlanan ve yürürlüğe giren Mecelle, tamamı on altı kitap ve 1851 madde olmak üzere kitap kitap hazırlanmış ve on altıncı kitap, 1876'da hazırlanmış ve tamamı yaklaşık sekiz senede hazırlanmış ve yürürlüğe girmiştir. İslam hukukunun esas itibariyle eşya, borçlar ve yargılama hukukuyla ilgili hükümlerini bir araya getiren Mecelle, tam anlamıyla teknik ve millî bir kanundur. Mecelle, İslam hukukunun kanunlaştırılmasının ilk örneğidir.

Mecelle'nin içerdiği bazı esaslar, İslam dinine ve Hanefi mezhebine dayandığından din ve devlet işlerini birbirinden ayıran Türkiye Cumhuriyeti, 1926 yılında Medeni Kanun'u ve Borçlar Kanunu'nu kabul ederek Mecelle'yi yürürlükten kaldırmıştır.

İLK METRO

Yurdumuzda ilk metro, 1875 yılında İstanbul'da hizmete girdi. 1867 yılında turistik bir gezi yapmak için İstanbul'a gelen Eugene-Henri Gavand adlı bir Fransız mühendis, bu gezisi sırasında, İstanbul'un iki önemli merkezi olan Galata ile Beyoğlu arasında çok sayıda insanın gidip geldiğini gözlemledi.

Henri Gavand, Galata ve Beyoğlu'nu birleştiren ve o zamanki parayla 170 bin İngiliz lirasına mal olan Tüneli yaptı ve 18 Ocak 1875 tarihinden itibaren, Tünel işletmeye açılarak halkın hizmetine sunuldu.

Açıldığı günden itibaren halkın ilgisini çeken Tünel, daha sonra İstanbul Belediyesi tarafından satın alındı. Beşyüzelli metre uzunluğundaki Tünel'in hizmete girmesiyle İstanbul, Londra'dan sonra dünyanın ikinci metrosuna sahip oldu.

İLK MEVLİT TÖRENLERİ

Hazreti Muhammed'in doğumunu ve hayatını övgüyle anlatan, şiir tarzında birçok eser yazılmıştır. Bu eserler daha sonra mevlit törenlerinde mevlithanlar tarafından okunmaya başlanmıştır. Bunların Türkçede en meşhur olanı Süleyman Çelebi'nin aruz vezniyle yazdığı Vesiletun-Necât adındaki mevlididir.

İlk mevlit törenleri, 1588 yılında, Sultan III. Murat devrinde, Süleyman Çelebi'nin Mevlid'inin okunmasıyla başladı. Hazreti Muhammed'in doğum gününe rastlayan rebiyülevvel ayının on ikinci günü yapılan törenler, belirlenmiş teşrifat kaidelerine uygun olarak sarayda tertiplenirdi. Önceleri Ayasofya Camii'nde, sonraları ise Sultan Ahmed Camii'nde yapılan merasimlere, devlet erkânıyla birlikte halk da katılırdı.

İslâm dünyasında ilk mevlit merasimi, Mısır'da hüküm süren Fatımîler tarafından düzenlenmişti. Sünnî Müslümanlarda ise ilk mevlit merasimi, Hicri 604 yılında, Selahaddin Eyyubî'nin eniştesi ve Erbil Atabeği Melik Muzafferuddun Gökbörü tarafından düzenlenmiştir.

İLK MEYHANE

Türkiye'de ilk meyhaneler, Fatih Sultan Mehmet devrinde İstanbul'da açılmıştır. Ancak bunların Bizans döneminden kalmış oldukları çeşitli kaynaklarda belirtilmektedir. Yurdumuzda meyhanelerin neredeyse tümünü Rumlar, Yahudiler ve Ermeniler işletirdi. Bu meyhanelere gelen Türkler, içkilerini sessiz sedasız, büyük bir tedirginlik ve korku içersinde gizlice içerlerdi veya içkilerini gizlice evlerine götürürlerdi.

Zaman zaman dönemin padişahlarının hışmına uğrayan eski İstanbul meyhaneleriyle ilgili ilk bilgiler, Evliya Çelebi'nin "Seyahatname"sinde ayrıntılarıyla anlatılır. "Galata demek, meyhane demektir" diyen Evliya Çelebi, Seyahatnamesi'nde şöyle yazar:

"İstanbul'un dört çevresinde meyhaneler çoktur ama çokluk üzre Samatya kapısında, Kumkapı'da, Yeni Balıkpazarı'nda, Unkapanı'nda, Cibali kapısında, Fener kapısında, Balat kapısında ve Hasköy'de bulunur. Karadeniz Boğazı'na varınca her iskelede meyhane bulunur ama Ortaköy, Kuruçeşme, Arnavutköy, Yeniköy, Tarabya, Büyükdere ve Anadolu tarafında Kuzguncuk, Çengelköy, Üsküdar ve Kadıköy'de tabaka tabaka meyhaneler vardır..."

Türkiye'nin ilk kadın meyhanecisi, 1919 yılında Gökçeada'da doğmuş olan Madam Despina'dır. 15-16 yaşlarındayken ailesi İstanbul'a göçünce Moda Teras Gazinosu'nda çalışmaya başlayan Despina, 1946'ya kadar değişik yerlerde çalıştıktan sonra 1970'li yılların ortalarında Kurtuluş'taki kendi adıyla anılan "Despina Meyhanesi"ni açarak Türkiye'nin ilk kadın meyhanecisi olmuştur.

İLK MEZBAHA

Selçuklularda lonca teşkilâtlarına bağlı kasaplar, toplu hâlde kesim yapıyorlardı. Osmanlılar döneminde de devam eden bu kesimler, sokaklarda yapılıyordu. Ülkemizde ilk mezbaha, Fatih Sultan Mehmet'in İstanbul'u fethinden sonra açılmıştır. Fatih'in yayınlamış olduğu bir fermanla, sokaklarda hayvan kesilmesi yasaklanmış, kasaplık hayvanların etlerinin bir yerden başka yere taşınması ve dağıtılması bir düzene sokulmuştur. Fatih'in fermanı üzerine surlar dışında Yedikule'de 33 adet kesim salonu yapılmıştır.

Avrupa'da ilk mezbaha ise 1807 yılında I. Napolyon zamanında, Fransa'da Paris'te kurulmuştur.

MİLADİ YILIN İLK UYGULANIŞI

Türkiye'de Miladi yılın uygulanmasına ilk kez 1926'da başlandı. Cumhuriyet'in kurulmasıyla gerçekleştirilen köklü devrimlerden biri de Miladi Takvim'in kabulüdür.

26 Aralık 1925 tarihinde kabul edilen 698 sayılı "Takvimde Tarih Mebdeinin Tebdili" hakkındaki kanunla, Hicri 1342 Ocak ayının ilk günü, 1 Ocak 1926 olarak değiştirilmiş ve bu tarihten itibaren yeni takvim resmen yürürlüğe girmiştir. O tarihe kadar kullanılan Hicri ve Rumi takvimler de kaldırılmıştır.

1927 yılından itibaren ise Türkiye'de ve Avrupa ülkelerinde ilk kez ortak bir yıl hesabı kullanılmaya başlandı ve yine ilk kez bir çok Türk, Avrupa âdetlerine uyarak yılbaşında birbirlerine iyi dileklerini ilettiler.

İLK MİLLET MECLİSİ

İlk Meclis, 20 Mart 1877 tarihinde İstanbul'da açıldı. İki dereceli bir seçimle oluşan Mebusan Meclisi, 69'u Müslüman 46'sı gayrimüslimlerden olmak üzere toplam 115 milletvekilinden meydana gelmiştir. Fakat 23 Nisan 1877 yılında Ruslarla yapılan savaş sırasında meclisin hükümeti eleştirmesi üzerine fesh edildi. İlk Meclis başkanlığına Sultan Abdülhamit, Ahmet Vefik Paşa'yı getirmişti.

1877 yılında yeniden seçimlere gidildi. 13 Aralık 1877 yılında ikinci Mebusan Meclisi faaliyete başladı. 1877-78 Osmanlı-Rus Savaşı'nın başlaması üzerine, Meclis, Sultan II. Abdülhamit tarafından 16 Şubat 1878'de kapatıldı.

II. Meşruiyet'in ilanıyla yeniden açılan Meclis, 11 Nisan 1920'de Padişah tarafından resmen kapatıldı.

Yeni Türk Devleti'nin ilk meclisi, 23 Nisan 1920 Cuma günü Hacı Bayram Camii'nde kılınan Cuma namazından sonra dualarla açıldı. İlk oturuma 115 kişinin katılabildiği meclisin ilk başkanlığına da en yaşlı üye olan Sinop Milletvekili Şerif Bey getirildi. İlk TBMM üye sayısı 390 kişiydi, fakat bunların tamamı hiçbir toplantıda bulunamamıştır.

İLK MİSKİNHÂNE

Cüzam hastalığına tutulanları şehir halkı ile temas ettirmemek için bu türlü hastaların barınmaları için yapılan binalara miskinhane denirdi. Halk arasında Miskinler dergâhı ve Miskinler tekkesi denilmektedir.

İlk defa Sultan Üçüncü Selim zamanında, Üsküdar'da Karacaahmed Mezarlığı'nın ortasında cüzzamlılar için dokuz hanelik binalar yapıldı. Bunlara, Sultan İkinci Mahmut zamanında on bir ev daha eklenerek miskinhane genişletildi. Burada kalan hastalara, Evkaf (Vakıflar) Nezareti tarafından ayrıca istihkak verildiğinden geçimleri garanti altına alındı.

Miskinhâneler, 1908 Temmuz inkılâbından sonra kapatıldı.

İLK MUZ

Muz, ülkemize ilk defa Osmanlılar döneminde girdi. Muz, 1750 yılında Mısır'la ilgisi olan zengin bir aile tarafından süs bitkisi olarak, Mısır İskenderiye'den Antalya'ya getirildi. Muz, meyve verdiğinin görülmesi üzerine, 1930'lu yıllardan sonra meyvesi için ticari amaçla yetiştirilmeye başlandı.

Ülkemizde muz, başta Anamur olmak üzere, Bozyazı, Antalya, Serik, Manavgat, Alanya, Gazipaşa, Fethiye ve Finike'de yetiştirilmektedir. Anamur'da yetiştirilen muz, üstün nitelikleri sebebiyle ülkemizde en çok tutulanıdır.

İLK MÜSADERE

Bir kısım yüksek memurlarla suiistimalleri görülenlerin mal ve mülklerine el konulmasına müsadere denir.

Yurdumuzda ilk müsadere, 1534 tarihinde gerçekleştirilmiştir. Malı ve mülküne el konulan ise zamanın maliye bakanı demek olan Şıkk-ı evvel defterdarı İskender Çelebi'dir. Dönemin maliyecileri mali bir tedbir olarak zaman zaman usulsüzlüklerini tespit ettikleri zengin kişilerin mallarını ve mülklerini birer bahane ile müsadere etmişlerdir.

Tanzimat'ın ilânından sonra müsadereye son verilmiştir.

İLK ARKEOLOJİ MÜZESİ

Türkiye'de müze kurma fikri, 19. yüzyılın ortalarında doğmuştur. Türkiye'de ilk arkeoloji müzesi, 1846 yılında Tophane Müşiri (Mareşal) Damat Ahmet Fethi Paşa tarafından kurduruldu. Eski eserlere karşı büyük ilgi duyan Ahmet Fethi Paşa, o zaman Harp Okulu'nun ambarı olan Aya İrini Kilisesi'ni "müze" olarak düzenledi. Sonradan buraya "Müze-i Hümâyûn" adı verildi ve Galatasaray Lisesi öğretmenlerinden Mr. Goold, bu müzenin ilk müdürü oldu. Çeşitli illerden toplanan eski eserler buraya getirildi.

1874'ten sonra eski eserler toplanarak Çinili Köşk'e nakledilmiş, burası modern anlamda bir müze haline getirilmiş ve Alman asıllı M. Dethier, buraya müdür tayin edilmiştir. 1881'de Dethier'in ölümüyle Çinili Köşk'teki müzenin müdürlüğüne tayin edilen Osman Hamdi Bey, Türk müzeciliğinin önderi sayılır. Osman Hamdi Bey zamanında çoğu İstanbul'da olmak üzere, yurdun çeşitli yerlerinde birçok müze açılmıştır.

İLK DENİZ MÜZESİ

İlk deniz müzesi, dönemin Bahriye Nazırı Hasan Hüsnü Paşa'nın emirleri, Miralay (Albay) Hikmet Bey ve Yüzbaşı Süleyman Nutki'nin büyük gayret ve çabaları sonucu, 1897 yılında İstanbul Kasımpaşa'da kuruldu. 1914 yılkında Bahriye Nazırı olan Cemal Paşa, müzede reform yaparak müzenin bilimsel anlamda yeniden düzenlemesi için Deniz Yüzbaşı Ressam Ali Sami Boyar'ı müzenin müdürlüğüne getirdi. Boyar, Türk gemilerinin tam ve yarım modellerinin yapılması için "gemi model atölyesi" ve mankenlerin yapıldığı "mulajmanken atölyesi"ni kurarak, müzenin gelişmesine önemli katkı sağlamıştır.

İkinci Dünya Savaşı çıkınca, korunma amacıyla Anadolu'ya nakledilen tarihi eserler, savaştan sonra yine buraya getirildi. 1949'da Dolmabahçe Camii Külliyesi'ne, oradan da bugün İstanbul Deniz Müzesi olan Beşiktaş'taki yerine taşındı.

Saltanat kayıkları, kadırgalar, gemi modelleri, sancaklar, bahriyeli kıyafetleri, el yazmaları, haritalar, tablolar, tuğralar ve armalar, seyir aletleri, gemi baş figürleri ile çeşitli silahların sergilendiği İstanbul Deniz Müzesi, Türkiye'de kurulan ilk askerî müzedir.

İLK ÖZEL MÜZE

Türkiye'nin ilk özel Müzesi, Vehbi Koç Vakfı Sadberk Hanım Müzesi'dir.

Sadberk Hanım Müzesi, Vehbi Koç tarafından, 14 Ekim 1980 tarihinde Sarıyer Büyükdere'de Azaryan Yalısı olarak adlandırılan yapıda, Vehbi Koç'un eşi Sadberk Koç'un anısına, O'nun kişisel koleksiyonunu sergilemek üzere açılmıştır. Sadberk Hanım Müzesi'nde, M.Ö. 5400 yılından M.S. 1923 yılına kadar Anadolu'da yaşayan uygarlıkların maddi kültürünü yansıtan 18 bine yakın eser sergilenmektedir.

İLK NARGİLE

Doğu kültürünün bir parçası olan nargile, ilk defa, tahminen 15. yüzyılda Hindistan'da içilmeye başlandı. Hintliler, Hindistan cevizinin içini boşaltıp kabuğuna kamış sokarak nargileyi yapmışlardır. Daha sonra Arapların nargil, İranlıların kalyan, Türklerin nargile adını verdikleri bu keyif aleti, gün geçtikçe yaygınlaştı.

Nargile, Türkiye'ye ilk olarak 16. yüzyılda Yavuz Sultan Selim zamanında Hindistan'dan getirildi. Kahve ile hemen hemen aynı dönemde Türkiye'ye gelen nargile, kısa sürede beğenildi ve yaygınlaştı. Başta İstanbul olmak üzere birçok şehirde nargile içilen kahvehaneler açıldı. Türkiye'de ilk nargile kahvesi, Çemberlitaş Çorlulu Ali Paşa Medresesi'nde kurulmuştur. Burası, son yıllarda İstanbul'un nargile ve kahve kültürünün şekillenmesinde önemli bir yere sahiptir.

İLK NÜFUS CÜZDANI

Türkiye'de ilk nüfus cüzdanı, 1863-1864 yıllarında yapılan nüfus sayımından sonra verildi. "Tezkire-i Osmaniye" veya "Osmanlı Tezkiresi" denilen bu nüfus hüviyet cüzdanlarının çizgili, düz bir kâğıt belge niteliğinde oldukları, tarihçi Lütfi Efendi tarafından yazılmıştır. 1882 yılında ise tek yapraklı Osmanlıca düzenlenen "Devleti Aliye-i Osmaniye Tezkeresi" nüfuz cüzdanı olarak kullanılmıştır. Bu tezkerelerde, bugünkü nüfus cüzdanlarında olduğu gibi sahibiyle, baba ve ana adları, eşkâli ve kayıtlı bulunduğu mahallenin ismiyle sokak ve ev numaraları yazılıydı.

Cumhuriyet döneminde 1927'de yapılan ilk nüfus sayımından sonra "herkes kayıt altına alınsın" diye tüm Türkiye Cumhuriyeti vatandaşlarına 1928 yılında Osmanlıca ve 32 sayfalık nüfus cüzdanı verildi. Latin alfabesine geçilmesinden sonra 1929 yılında Latin alfabesiyle yazılan yapraklı nüfus cüzdanları kullanılmaya başlandı. 1976 yılında ise ilk kez kadın ve erkek nüfus cüzdanları farklı renklerde düzenlendi. Erkeklerde mavi, kadınlarda pembe renk nüfus cüzdanları kullanılmaya başlandı.

İLK NÜFUS SAYIMI

Yurdumuzda ilk başarılı nüfus sayımı, 1831 yılında yapıldı. Askerlik yapabilecek halkın sayısını ve yeni vergi kaynaklarını belirlemek amacıyla yapılan bu sayımda Anadolu'da ve Rumeli'deki bütün Müslüman ve Hıristiyan erkek nüfus sayılmıştır. 1844'te yapılan sayımda ise, kadınlar da sayıldı. 1844 sayımında, Osmanlı sınırları içinde nüfusun 36,5 milyon olduğu, yaklaşık olarak saptandı. 1844 sayımını 1866, 1885 ve 1907 sayımları izlemiştir.

Cumhuriyet döneminde, nüfus sayımı için 1926 yılında İstatistik Umum Müdürlüğü kurulmuş ve müdürlüğüne Belçikalı istatistikçi Camille Jackquart getirilmiştir. Cumhuriyet döneminde, 28 Ekim 1927 tarihinde yapılan ilk nüfus sayımında ise, Türkiye'de 13 milyon 648 bin 720 kişinin yaşadığı belirlendi. 1935 yılında yapılan ikinci sayımdan sonra, her 5 yılda bir düzenli olarak nüfus sayımları gerçekleştirildi.

İLK OPERA TEMSİLİ

Ülkemizde opera, Avrupa'ya giden elçilerimizin yurda dönüşte bu sanatı anlatmalarıyla tanınmaya başlamıştır. İlk opera temsili, 1797 yılında III. Selim zamanında Topkapı Sarayı'nda yabancı bir topluluk tarafından verilmiştir.

İlk önemli opera temsili, 1846 yılında, büyük İtalyan bestecisi Giuseppe Verdi'nin bir İtalyan opera grubu tarafından Beyoğlu'nda oynanan "Ernani" operasıdır. Metinleri Türkçeye çevrilerek oynanan ilk opera ise 1840'ta Bosco adlı bir İtalyan tarafından yapılan ilk tiyatro binasında oynanan Gaetano Donizetti'nin "Belisario" operasıydı. Bunu, 29 Aralık 1844'te Naum Tiyatrosu"nda oynanan Gaetano Donizetti'nin "Lucrezia Borgia" adlı eseri izledi.

Türk seyircisinin düzenli olarak opera seyredebilmesi, ancak 1941'de Profesör Carl Ebert'in Opera Bölümü'nü yönettiği Ankara Devlet Tiyatro ve Operası'nın açılmasından sonra mümkün oldu. İlk opera genel temsili 1941 Haziranında Mozart'ın Bastien ve Bastienne ile Puccini'nin Madame Butterfiy operasının ikinci perdesi oldu. İlk Türk kadın opera sanatçısı olan Semiha Berksoy, Carl Ebert'in rejiliğinde Tosca ve Madame Butterfly operalarında oynamıştır. Ayrıca Deli Dolu ve Lüküs Hayat operetlerinde de görev almıştır.

İLK OPERA YAPITI

Ahmet Adnan Saygun'un "Özsoy" öbür adıyla Feridun) adlı opera denemesidir. İlk kez 1928 yılında İran Şahı Pehlevi'nin Türkiye'ye gelişi onuruna temsil edilen "Özsoy" adlı bu operanın metnini Münir Hayri (Egeli) yazmıştı. Türklerin İranlılarla aynı soydan geldiği temasını işleyen "Özsoy", ilk defa 19 Haziran 1934 tarihinde, Mustafa Kemal'in ve onun resmi konuğu İran şahı Rıza Pehlevi'nin huzurunda sahnelendi. Bu ilk operamızda, başoyuncu da dramatik soprano Semiha Berksoy'du.

Opera tekniğinin gerçek anlamda uygulandığı ilk opera da, yine Ahmet Adnan Saygun'un bestelediği "Kerem"dir. Metin yazarlığını Selahattin Batu'nun yaptığı bu opera, ilk kez Ankara'da 22 Mart 1953 günü sahnelendi. Bu ilk operaları, gene Ahmet Adnan Saygun'un "Taşbebek", Necil Kazım Akses'in "Bayönder"adlı operaları izledi.

İLK OSMANLI SARAYI

Saray, padişahların özel hayatlarını geçirdikleri ve devleti yönettikleri yerdi.

İlk Osmanlı Sarayı, 1326 yılında Bursa alındığında yaptırıldı. İkinci Osmanlı hükümdarı Orhan Gazi, Bursa'yı alınca burayı başkent yapmış ve burada ilk sarayın yapımını başlatmıştır. Yıldırım Bayezid zamanında tamamlanan "Bursa Sarayı", 1402 yılında yapılan Ankara Savaşı'ndan sonra Anadolu'yu istila eden Timur'un orduları tarafından yıkıldı.

I. Murat döneminde Edirne fethedildikten sonra başkent buraya taşındı ve yeni bir saray yapıldı

Fatih Sultan Mehmet, İstanbul'u aldıktan sonra, bu şehri Osmanlı Devleti'nin başkenti yaptı. İstanbul'un fethinden sonra Fatih tarafından yaptırılan Topkapı Sarayı, 19. yüzyıl ortalarına kadar Osmanlı padişahlarının oturdukları yer oldu. 19. yüzyılın ikinci yarısından sonra ise padişahlar, Beylerbeyi, Dolmabahçe ve Yıldız Saraylarını yaptırıp buralarda oturdular.

İLK OTEL

Türkiye'nin Avrupa standartlarında açılan ilk oteli, Pera Palace Hotel'dir. Kuruluş çalışmalarına 1892 yılında başlanan, 1895'te ise açılış balosu yapılan Pera Palace Hotel'in tasarımını, Levanten mimar Alexander Vallaury yapmıştır. 16'sı süit 115 odası bulunan Pera Palace Otel, Orient Express yolcularına İstanbul'da yüksek standartta bir konaklama imkânı sunmak için yapılmıştı.

Pera Palace, birçok ilkleri barındırıyordu; İstanbul'da Osmanlı sarayları dışında elektriğin verildiği, ilk elektrikli asansörün ve ilk akar sıcak suyun bulunduğu binaydı.

Pera Palace Oteli'ni gene Beyoğlu'nda açılan Tokatlıyan ve Bristol otelleri izledi. 20. yüzyıl başlarında İstanbul Sirkeci'deki hanlar birer birer otele dönüştürüldü ve şehrin birçok yerinde yeni oteller açıldı. İstanbul'u diğer Anadolu şehirleri izledi.

Ankara'nın ilk modern oteli ise Ankara Palace'dır. Ankara'da 1928'de açılan Ankara Palace'dan sonra Belvü Palace ve başka oteller hizmete girdi.

Türkiye'de otelcilik 1950'den sonra büyük bir gelişme gösterdi. Turizmin gelişmesiyle birlikte büyük şehirlerde ve sahil kesimlerinde turistik oteller yapılmaya başlandı.

İLK OTOMOBİL LASTİĞİ

Ülkemizde lâstik sanâyii, Cumhuriyet döneminde gelişmeye başladı. 1927'de yürürlüğe giren Teşvik-i Sanayi Kânunu ve 1929'da kabul edilen Gümrük Korumaları Kânunu ile ülkemizde sanayi kuruluşlarının kurulması için gerekli şartlar oluşmuştu.

Türkiye'de ilk lastik fabrikası, 1932 yılında İstanbul'da bir İsveç firmasının yardımları ile kuruldu. Türkiye'de otomobil lâstik sanâyii, 1954'te Yabancı Sermâyeyi Teşvik Kânunu'nun çıkarılması ile büyük bir gelişme gösterdi. Bu kânunun ardından Pirelli, Goodyear, Uniroyal lâstik fabrikaları kuruldu.

Türkiye'nin ilk yerli oto lastikleri, 1964 yılında Koç-Uniroyal işbirliği ile üretildi. Bunların ihtiyacı karşılamaması üzerine 1978'de Lassa Lâstik Sanâyii, bir süre sonra da devlete ait Petlas Lâstik Fabrikası kuruldu.

İLK OTOMOBİL

Yurdumuzda ilk otomobil, 1895 yılında İstanbul'da kullanıldı. "Zâtülhareke" denilen otomobil, kısa sürede üst tabaka arasında yaygınlaştı ve İstanbul sokaklarında otomobiller boy göstermeye başladı.

İlk yerli otomobil, dönemin Cumhurbaşkanı Cemal Gürsel'in isteği üzerine 1960 yılında Eskişehir Devlet Demiryolları Cer Atölyeleri'nde üretilen "Devrim"dir. 30 Ekim 1961 tarihinde Cemal Gürsel'e gösterilmek üzere Ankara'ya getirilen "Devrim", TBMM önündeki törende, 100 metre gittikten sonra durmuştur. 1961 model Consuller'a benzeyen otomobilin yapımından vazgeçildi.

İlk Türk binek otomobili, 1966 yılında "Anadol" adıyla piyasaya sürüldü. İlk çelik gövdeli Türk binek otomobili ise 1971'de Tofaş tarafından "Murat 124" markasıyla üretildi. 1972'den itibaren Renault firması ile lisans anlaşmalı Renault otomobiller üretmeye başlandı. 1980'lerden sonra otomotiv sektöründe büyük gelişme yaşandı ve Türkiye, Ortadoğu ülkelerine otomobil ihraç etmeye başladı.

İLK OTOMOBİL YARIŞI

Türkiye'de ilk otomobil yarışı, 1927 yılında T.O.Ş.D. tarafından İstanbul'da Veliefendi çayırında yapıldı. 30 otomobilin katıldığı bu yarışı, 1926 model Buick otomobilleri ile Suphi ve Ziya Bey ekibi kazanmıştır. 1931 yılında İstinye-Maslak yolunda, daha sonra da İstanbul Hipodromunda yarışlar düzenlendi.

İlk Türk bayan otomobil yarışçısı, Samiye Morkaya'dır. 1931 yılında İstinye – Maslak arasında düzenlenen yarışa katılan Samiye Hanım, Ford marka otomobiliyle tüm erkek rakiplerini geride bırakarak birinci geldi.

İLK OTOPSİ

Cinayet, kaza ve intihar olaylarının aydınlatılmasında tıp bilgisine ihtiyaç duyulması otopsinin ortaya çıkmasına yol açmıştır. İlk otopsi, Fransa'da yapılmıştır.

Türkiye'de ilk defa 1841 yılında, bir Ferman-ı Ali ile cesetler üzerinde bazı koşullarla otopsi yapılmasına müsaade edilmiştir. İlk otopsi, 1843 yılında Nemçe (Avusturya) Hastanesi'nde Dr. Karl Ambros Bernard nezaretinde başına sırık düşmesi sonucu ölen bir kişiye yapılmış ve öğrencilere gösterilmiştir. 1866 yılında açılan Mekteb-i Tıbbîye-i Şahâne'de, adlî tıp dersleri okutulmaya başlanmış, 1920'de ülkemizde ilk Adlî Tıp Enstitüsü kurulmuştur.

Türkiye'de ilk otopsi tekniği kitabı, Hamdi Suat Aknar tarafından 1930 yılında yazılmıştır. Adli otopsi ile ilgili ilk panel ise "Adaletin Oluşmasında Otopsinin Yeri" başlığı ile 1984 yılında yapılmıştır. Kapsamlı ilk adli otopsi kitabı da 1999 yılında Zeki Soysal tarafından hazırlanmıştır.

İLK OTOMATİK PARA ÇEKME MAKİNESİ (ATM)

ATM olarak isimlendirilen Otomatik Para Çekme Makineleri, günümüzde nakit paraya ihtiyaç duyduğumuzda ilk başvurduğumuz yerlerdir. 1980'lerden sonra bankacılık işlemlerinin bir parçası haline gelen ATM'ler, giderek tüm dünyada yaygınlaştı.

Türkiye'de ilk ATM cihazı, 1982 yılında İş Bankası tarafından, "Bankamatik" ismiyle kurulmuştur. Otomatik para çekme makinelerinin Türkiye'de ilk örneğini sunan İş Bankası'nın verdiği bu isim, diğer tüm bankalarının değişik markalarla adlandırdığı tüm benzer sistemlerin ortak adı oldu.

Günümüzde ise Otomatik Para Çekme makineleri için İngilizce Automatic Teller Machine (ATM)'nin kısaltması kullanılmaktadır.

İLK PARASIZ YATILI OKUL

Yetim ve Müslüman çocukların yetiştirilmesi için özel statülü ilk parasız yatılı okul, 28 Haziran 1873 tarihinde İstanbul'da "Darüşşafaka" adıyla açıldı.

"Şefkat Yuvası" anlamına gelen Darüşşafaka'nın temelleri, "Cemiyet-i Tedrisiyye-i İslâmiyye" adında bir cemiyete dayanır. Yusuf Ziya Paşa, Vidinli Hüseyin Tevfik Paşa, Gazi Ahmet Muhtar Paşa, Sakızlı Ahmet Esat Paşa ve Ali Nâki Efendi'nin gayretleri sonucu kurulan bu okula, babasını kaybetmiş, yetenekli, maddi imkânları yetersiz çocuklar kaydedilmektedir.

Ülkemizin en iyi eğitim kurumları arasında yer alan Darüşşafaka, ilkokul dördüncü sınıftan liseyi bitirinceye kadar tam burslu ve yatılı, İngilizce ağırlıklı eğitim vermektedir.

İLK MİLLÎ PARK

Millî park kavramı ve uygulaması dünyada ilk kez, 1872 yılında ABD'de Yellowstone yöresinin millî park ilan edilmesiyle başlamıştır.

Türkiye'de ise milli park fikri, ilk kez İ.Ü. Orman Fakültesi Öğretim Üyelerinden Prof. Dr. Selahattin İnal tarafından 1948 yılında ortaya atılmıştır. İlk millî park girişimi, Uludağı Sevenler Cemiyeti tarafından yapılmış, fakat bu gerçekleşmemiştir. Uludağ, ancak 1961 yılında millî park ilan edilebilmiştir.

Ülkemizde ilk millî park, Yozgat Çamlığı'dır. Yozgat şehrine iki kilometre mesafedeki 264 hektarlık alana yayılan Yozgat Çamlığı, 1958 yılında millî park olarak ilan edilmiştir.

Ülkemizde en tanınmışları Soğuksu Millî Parkı, Kuşcenneti Millî Parkı, Yedigöller Millî Parkı, Gelibolu Yarımadası Târihî Millî Parkı, Ilgaz Dağı Millî Parkı olmak üzere 40'ın üzerinde millî park bulunmaktadır.

İLK SİYASİ PARTİ

Türkiye'de kurulan ilk siyasi parti, İttihat ve Terakki Partisi'dir. 21 Mayıs 1889'da İttihâd-ı Osmanî adıyla ve Sultan Abdülhamit'i tahttan indirmek amacıyla gizli bir cemiyet olarak kurulan bu teşkilat, daha sonra İttihat ve Terakki adını aldı. Yapılan ilk toplantıda Cemiyetin başkanlığına Ali Rüşdî, kâtipliğine Şerefeddîn Mağmûmî, muhâsib üyeliğe de Âsaf Derviş seçildiler. Cemiyet, İstanbul'daki sivil ve askerî okul öğrenciler arasında taraftar kazanarak kısa sürede büyük bir siyasi güç haline geldi. Uzun mücadeleden sonra 1912'de iktidarı ele geçiren cemiyet, 1918'de kendisini feshetmiş ve üyelerinin çoğu, Millî Mücadele'de yer almıştır.

Türkiye Cumhuriyeti'nin ilk siyasi partisi, Cumhuriyet Halk Partisi'dir. Millî Mücadele döneminin en etkili örgütü olan Anadolu ve Rumeli Müdafaa-i Hukuk Grubu, 9 Ağustos 1923'te Halk Fırkası'nın tüzüğünü kabul etmiş ve 9 Eylül 1923 günü "Halk Fırkası" adıyla kurulmuş, 10 Kasım 1924 günü Cumhuriyet Halk Fırkası" adını almıştır. Daha sonra "Cumhuriyet Halk Partisi" olması kurultayda kararlaştırılmıştır. Partinin ilk genel başkanı Atatürk olmuştur. Parti ekonomide devletçilik ilkesini savunmuş ve uygulamıştır.

Cumhuriyet Halk Partisi, Yeni Türk Devleti'nin ilk siyasi partisi olmasının yanında aynı zamanda Türkiye'nin en uzun ömürlü partisidir. 12 Eylül 1980 sonrası kapatılan Cumhuriyet Halk Partisi, 1992'de çıkarılan eski partilerin açılmasına dair kânunla yeniden siyaset sahnesine döndü.

İLK MUHALEFET PARTİSİ

Türk tarihinin ilk muhalefet partisi, Osmanlı Ahrar Fırkası'dır. 14 Eylül 1908'de Prens Sabahattin'in önderliğinde kurulan Ahrar Fırkası, Eylül 1907 ile Nisan 1908 arasında altı ay faaliyet gösterdi.

Türkiye Cumhuriyeti'nin ilk muhalefet partisi, Terakkiperver Cumhuriyet Fırkası'dır. 17 Kasım 1924 Pazartesi günü kurulan parti, 5 Haziran 1925 tarihine kadar faaliyet göstermiştir.

Terakkiperver Cumhuriyet Fırkası'nın ilk idare heyeti, Umumi Kâtip ünvanını haiz olarak Ali Fuad Cebesoy Paşa'nın riyasetinde Rauf Orbay, Dr. Adnan Adıvar, Trabzon Mebusu Muhtar Bey, Sabit Sağıroğlu, Halis Turgut Bey ve Rüşdü Paşa'dan oluşuyordu. Daha sonra Kazım Karabekir Paşa da, Terakkiperver Cumhuriyet Fırkası'na katılmış ve genel başkanlığına getirilmiştir.

Millî Mücadele'nin önemli simalarından bazılarının yönetiminde bulunduğu Terakkiperver Cumhuriyet Fırkası'nın Şeyh Sait Ayaklanması'yla ilgisi olduğu iddia edilerek parti, 5 Haziran 1925'te kapatılmış, böylece Terakkiperver Cumhuriyet Fırkası ancak yüz elli dokuz gün yaşayabilmiştir.

İLK PASTÖRİZE SÜT

Pastörizasyon, gıda maddesi içindeki zararlı organizmaları ve bozulma etmenlerini yok etmek amacıyla uygulanan bir ısı işlemidir. Bu uygulamanın geçmişi, çok eski tarihlere dayanmaktadır. Süt, ilk defa,1865 yılında pastörize edilmiştir.

Yurdumuzda ilk pastörize süt üretimi, Birinci Dünya Savaşı'nı takip eden yıllarda İstanbul Belediyesi tarafından 500.000 liralık sermaye ile kurulan süt fabrikasının üretime geçmesiyle gerçekleşmiştir. Fakat kurulan bu fabrika yeterli süt temin edilemediği için bir süre sonra kapanmak zorunda kalmıştır.

Cumhuriyet döneminde ise ilk pastörize süt üretimi, 1928 yılında Tarım Bankalığı'na bağlı olarak Atatürk Orman Çiftliği'nde kurulan Pastörize Süt Fabrikası'nda gerçekleştirilmiştir. İlk yıllar, 2 milyon 500 bin litreyi bulan süt üretimi, Adana ve İzmir'de yeni pastörize süt fabrikalarının açılmasıyla ilk kez 1971 yılında 9 milyon litreyi aştı.

İLK PETROL ARAMALARI

Yurdumuzda ilk petrol aramalarına, 1887'de Ahmet Necati Bey tarafından İskenderun civarında Çengen'de başlanmıştır. Derin olmayan sondajlamayla yapılan bu ilk araştırma, istenilen başarıya ulaşamadı. Daha sonraki yıllarda İskenderun, Trakya, Musul, Erzurum ve Van Bölgeleri olmak üzere 4-5 bölgede petrol araştırmaları yapıldı. II. Abdülhamit devrinde, 1890 yılında Musul ve Bağdat'ta doğal biçimde sızan petrollerden yararlanıldı.

Cumhuriyet döneminde ise ilk defa 1925 yılında petrol emaresi olan yerlerde Dr. Lüsyüs adında bir jeolog tarafından hükümet nam ve hesabına petrol araması yapılmıştır. 1926 yılında 792 sayılı Petrol Kanunu çıkarılarak her çeşit petrol arama yapma yetkisi devlete verildi. 1935 yılı Haziran ayında 2804 numaralı kanunla kurulan Maden Tetkik ve Arama Enstitüsü, altın ve kömürden sonra, petrol arama ve işletmesini de üzerine aldı.

Yurdumuzda ilk petrol, 20 Nisan 1940 tarihinde Raman bölgesinde bulundu. Günlük verimi 10 ton olan bu kuyu, 6 ay sonra kapandı. Sonra Raman ve Garzan bölgelerinde yüksek verimi olan kuyular açılmıştır.

İLK PORSELEN FABRİKASI

Türkiye'de porselen üretimi için ilk çalışmalar, 1845 yılında Ahmet Fethi Paşa tarafından İstanbul Beykoz'da bir çini fabrikası kurulması ile başlanmıştır. Bu fabrikada tabak, sürahi, kâse ve kapaklı sahan gibi günlük kullanım eşyaları üretilmiştir. "Eser-i İstanbul Porseleni" denilen bu eserlerin en belirgin özelliği, diplerinde soğuk damga olarak soğuk çerçevesiz olarak siyah, yeşil, kırmızı ve mavi ile yazılmış Osmanlıca "Eser-i İstanbul" damgasının bulunmasıydı.

1894 yılında II. Abdülhamit, saray ve kamu binalarının çini ve porselen ihtiyacını karşılamak için Yıldız Sarayı'nın bahçesinde Yıldız Çini Fabrikası'nı kurdurmuştur.

Yurdumuzda modern anlamda kurulan ilk porselen fabrikası olan "Yıldız Porselen

Fabrikası", Cumhuriyet döneminde üretimini sürdürmüş ve 1957 yılında Sümerbank'a devredilmiştir. Bunu daha sonra, l963 yılında kurulan İstanbul Porselen Sanayii ile 1968'de açılan Yarımca Porselen, Seramik ve Çini Fabrikaları izledi.

İLK POSTA PULU

Türkiye'de ilk posta pulu, 1861'de Posta Nazırı Agâh Efendi zamanında bastırılmış ve kullanılmaya başlanmıştır. Üstünde dönemin padişahına ait tuğra ve "Devlet-i Aliyye-i Osmaniye" yazısı yer alan ve İnce kâğıtlara basılan bu ilk pullar, dikdörtgen şeklinde ve dantelsizdi. İlk dantelli ayyıldızlı pullar, 1865 yılında çıktı.

Türkiye'de ilk resimli posta pulu, 1913 yılında Edirne'nin düşman işgalinden kurtarılışının anısına çıkarıldı. Londra'da bastırılan bu pulun üzerinde Selimiye Camii'nin resmi bulunuyordu.

Ankara'da TBMM Hükümeti, kendi adına ilk pulu, 1922 yılında hazırlatmıştır. Bu pulun üzerinde o zamanki TBMM binasının resmi yer almıştır. İlk bağımsızlık pulu da 1923 yılında bastırılmıştır.

Türkiye Cumhuriyeti'nde pul basma ve piyasaya sürme işi ve yetkisi, PTT Genel Müdürlüğü'ne verildi.

İLK POSTANE

Ülkemizde, posta yolu ile ilk haberleşme, II. Mahmut'un 1838'de yayınladığı bir fermanla mümkün oldu. 1832 yılında İstanbul-İzmit arasında bir posta yolunun yapımına, 1832'den itibaren de posta taşımacılığına başlandı.

İlk posta teşkilatı, nezaret olarak, 23 Ekim 1840 tarihinde kurulmuştur. Posta Nezareti'nin kurulmasıyla birlikte haftada bir defa olmak üzere İstanbul'dan Anadolu'ya ve Rumeli'ye posta çıkarılmaya başlandı.

İlk postane ise "Postahane-i Âmire" adıyla İstanbul'da Yeni Camii avlusunda açıldı. İlk memurlar Süleyman Ağa, tahsildar Sofyalı Ağyazar, Türkçe dışında yazılmış gönderilerin adreslerini tercüme etmek üzere mütercim olarak atanmışlardır. İstanbul'da açılan ilk postaneyi, 1843 yılında Bağdat, Sivas, Musul ve Diyarbakır'da açılan postaneler izledi.

İLK PROTEZ

Yurdumuzda protezle ilgili ilk çalışmalar bizzat İkinci Abdülhamid Han'ın talimatıyla olmuştur. Nâzırlardan Sadeddin Paşa ardı ardına üç ampütasyon geçirmiş ve Paris'ten iki defa protez getirilmişti. Yurtdışından protez getirilmesinin uzun zaman alması ve fiyatların devamlı yükselmesi üzerine II. Abdülhamid, protezlerin İstanbul'da yapılmasını emretmiştir.

1892 yılında suni kol ve ayak imali sanatını öğrenmek üzere, Tophane-i Âmire ve Daire-i Bahriye'den dört kişi, protez-ortezi öğrenmek üzere bir yıllığına Paris'e gönderilmiştir. Türkiye'de ilk protez atölyesi, 1900'lü yıllarda Tersane-i Âlât-ı Nâzikiye adıyla, Paris'e gidenlerden Bahriye Çarkçısı Yüzbaşı Hüseyin Rıfat Bey'in öncülüğünde kuruldu. Bu atölye, 1914 yılında Gülhane Hastanesi içine taşındı.

İlk özel protez-ortez atölyesi ise Paris'te eğitim gören Kifidis tarafından, 1928'de Beyoğlu'nda açıldı.

Ülkemizde mekanik ortopedinin ortaya çıkması ile ilgili ilk bilgiler, Prof. Dr. Cevat Alpsoy'un 1951'de yayınlanan protez-ortez alanındaki ilk Türkçe kaynak olan "Suni Uzuvlar ve Ortopedik Cihazlar" kitabı ve Prof. Dr. Rıdvan Ege'nin bu alandaki yazılarından elde edilmekteydi.

İLK RADYO SPİKERİ

Ülkemizde ilk radyo yayını, 6 Mayıs 1927 tarihinde, Sirkeci Büyük Postane'de yapıldı. Henüz kimsede radyo alıcısı olmadığı için, her akşam postane binasının kapısının üzerine yerleştirilen hoparlörler aracılığıyla yayın halka duyuruldu. İlk radyo spikeri, Gazi Sadullah Bey (Evrenos)'dir. İlk anons şöyleydi: "Alo, alo muhterem samiin, burası İstanbul Telsiz Telefonu 1200 metre tul-i mevç, 250 kilosaykıl... Bugünkü tecrübe neşriyatımıza başlıyoruz."

Sadullah Evrenos'tan sonra Mesut Cemil hem spiker hem de saz sanatkârı olarak, Eşref Şefik özellikle spor müsabakalarını anlatmak için radyoda göreve başladılar.

Türkiye'nin ilk kadın spikeri, 1937'de Ankara Radyosu'nda göreve başlayan Emel Gazimihal'dir. Atatürk'ün isteğiyle eğitim için BBC'ye gönderilen Gazimihal, II. Dünya Savaşı yıllarında dünyada savaş haberlerini okuyan ilk kadın spikerdi.

Türkiye'nin ilk kadın spor spikeri ise Devlet Güzel Sanatlar Akademisi'ni bitiren ve 1959'da Ankara Radyosu'na giren Özcan Atamert'tir. Atamert, 1962'de Bayanlar Balkan Kros Şampiyonası'nı sunmuştur.

İLK RADYO YAYINI

Türkiye'de ilk radyo yayını, 6 Mayıs 1927 tarihinde Sirkeci Büyük Postane'de yapıldı. Yabancı Ortaklı Türk Telsiz Telefon Anonim Şirketi adıyla kurulan bir özel şirket tarafından üstlenilen bu deme yayınları 1936 yılına kadar devam etti. Ankara ve İstanbul'da telsiz telgraf istasyonları olarak 5'er kW gücünde vericilerle yapılan radyo yayınları, verici gücünün arttırılmaması ve yayın kalitesinin düşük olması sebebiyle, hükümet işletme yetkisini 1936'da Türk Telsiz Telefon şirketinden alarak bir devlet kuruluşu olan PTT'ye verdi. Böylece Devlet Radyoculuğu dönemine geçilmiş oldu.

İlk radyo istasyonu da Ankara'da kuruldu. 28 Ekim 1938 günü sürekli yayınlara başlayan bu yeni radyo, uzun dalga "Türkiye Radyosu" ve kısa dalga "Ankara Radyosu" adıyla görev yapıyordu. İstanbul Radyosu ise 1 Eylül 1949 günü sürekli yayına başladı. 1960'tan sonra Ankara, İstanbul, İzmir, Antalya, Gaziantep, Kars ve Van'da il radyoları yayına başladı.

İlk programlı radyo yayınına, 1965 yılında geçildi ve bütün radyolar haber saatlerinde Ankara Radyosu'na bağlandılar. Radyolarda spor haberleri ilk kez 1967 yılında haber bülteni ile birlikte verildi.

İLK RAFİNERİ

Ülkemizde ilk rafineri, 1955 yılında Batman'da kuruldu. Batman Raman'da, petrol bulunmasından sonra işletmeye açılan ilk rafinerimiz, yıllık 330 bin ton ham petrol işleme kapasitesine sahipti. Daha sonraki yıllarda kapasitesi arttırılan Batman Rafinerisi'nin kuruluşunda, ABD teknolojisi kullanılmıştır.

Türkiye'nin ikinci modern rafinerisi İzmit'te kurulmuş olan İpraş Rafinerisi'dir. Bunlardan başka, 1962'de Mersin Ataş Rafinerisi, 1972'de İzmir Aliağa Rafinerisi, 1987'de Kırıkkale'de Orta Anadolu Rafinerisi açılmıştır.

İLK RAKI FABRİKASI

Rakı, ilk defa Türkiye'de üretilmeye başlanmış ve Osmanlı Devleti döneminde Anadolu'da ve Rumeli'nde yaygın olarak içilen bir içecek haline gelmiştir. Tanzimat'tan sonra meyhanelerin çoğalmasıyla birlikte rakı üretiminde de artış olmuştur.

İlk rakı fabrikası, 1880'li yıllarda Sultan Abdülhamit döneminde, başmabeyinci ve maliye bakanlarından Sarıcazade Ragıp Paşa tarafından Tekirdağ yolu üzerinde Umurca Çiftliği'nde kurulmuştur. Umurca Rakı Fabrikası'nda üretilen Umurca Rakısı ve asıl adı "Bozcaada" (Tenedos) rakısı olan Deniz Kızı rakısı dönemin en kaliteli rakılarıydı. Osmanlılar döneminde azınlıklar da İstanbul'da rakı imalathaneleri açmışlardır.

Cumhuriyet döneminde Tekel Genel Müdürlüğü'nün kurulmasıyla rakı çeşitleri de arttı.

İLK RASATHANE

Osmanlılarda ilk rasathane, III. Murat zamanında 983/-1575'te İstanbul'da Tophane Tepesi'nde Takıyyuddin Mehmet adlı astronom tarafından kurulmuştur. 15 bilim adamının katıldığı çalışmalarda gözlemler ve yıldızların belirli zamanlardaki yerlerini gösteren çizelgeler yapıldı. Şeyhülislam'ın 1580 yılında, padişaha sert bir mektup göndermesi üzerine, rasathane, III. Murat'ın emriyle Kılıç Ali Paşa tarafından yıktırıldı.

Türkiye'de çağdaş anlamda ilk rasathane, 1868 yılında Fransa Hükümeti'nin tavsiyesiyle meteoroloji çalışmaları yapmak üzere Rasathâne-i Âmire-i Alâimü'l-Cev" adıyla Beyoğlu'nda Tünel civarında faaliyete başladı. İlk müdürü Fransız I. Coumbary'dir. Coumbary'den sonra 1895 yılında rasathanenin müdürlüğüne Salih Zeki Bey getirilmiş, fakat Salih Zeki'nin 1908 yılında Maârif Meclisi azalığına tayini üzerine rasathanenin faaliyetleri bir süre aksamıştır.

21 Haziran 1910 tarihinde Rasathâne Müdürlüğüne tayin edilen Fatin Hoca diye anılan Fatin Gökmen tarafından 1911 yılında İstanbul'da Kandilli sırtlarında kurulan Kandilli Rasathanesi, ülkemizin gerçek anlamda ilk rasathanesidir. Günümüzde de hizmet veren bu rasathane, Türkiye'nin en büyük gözlemevidir.

İLK REFERANDUM

Ülkemizde ilk referandum, 9 Temmuz 1961 günü, 1961 Anayasası'nın oylanması nedeniyle yapıldı. 27 Mayıs 1960 tarihinde yapılan darbeden sonra Milli Birlik Komitesi, 1924 Anayasası'nı yürürlükten kaldırarak yerine Sıddık Sami Onar Başkanlığı'nda asker ve profesörlerden oluşan bir kurula yeni bir anayasa hazırlattı. Bu anayasa, 27 Mayıs 1961'de askerlerin oluşturduğu Kurucu Meclis'te oylandı. 1961 Anayasası, Kurucu Meclis'te iki çekimser oya karşılık 261 oyla kabul edildi.

9 Temmuz 1961 günü yapılan referanduma yüzde 81 oranında katılım oldu. Halkoyuna sunulan Anayasa için, 10 milyon 320 bin 751 seçmen oy kullandı. Katılan seçmenlerin % 61.7'si evet, % 38.3'ü hayır şeklinde oy kullanarak; "Kurucu Meclis"in hazırladığı Anayasa'yı kabul etmiş oldu. Referandumda en yüksek hayır oyu, İzmir'den çıkmıştı. Darbecilerin astığı Başbakan Adnan Menderes'in şehri Aydın da anayasaya "Hayır" demişti. Anayasa'ya hayır diyen diğer iller ise şunlardı: Bursa, Bolu, Samsun, Sakarya, Zonguldak, Denizli.

1982 yılındaki, "Danışma Meclisi" tarafından hazırlanan Anayasa; 6 Eylül 1987'de 1982 Anayasası'yla eski siyasilere 10 yıl süreyle siyaset yasağının getirilmesi; 25 Eylül 1987'de yerel seçimlerin erkene alınması ve 21 Ekim 2007'de Cumhurbaşkanını halkın seçmesi konuları referanduma sunulmuştur.

İLK REKLAMLAR

Ülkemizde ilk reklâmlar, tellallar, çığırtkanlar veya pazarlarda tezgâhtarlar aracılığıyla sesli olarak yapılırdı. Tüm dünyada olduğu gibi Türkiye'de de reklam ekonomik ve teknolojik gelişmelere bağlı olarak ilerlemiş, basın-yayın alanında meydana gelen gelişmeler sonucunda reklamlar büyük önem taşımaya başlamıştır.

Türkiye'de ilk reklam, 1 Kasım 1831 tarihinde İstanbul'da yayın hayatına başlayan Takvim-i Vekayi'de yayınlanmıştır. İlk resimli ilan ise 1842 yılında yayınlanan nasır ilacı reklamıdır.

1860'lı yıllardan itibaren gazetelerin çoğalması ve halkın gazete okuma alışkanlığı edinmesiyle gazetelerde, saat, çiçek tohumları, altın ve gümüş takı, dikiş makineleri, ilaç gibi reklamların yanında satılık ev ve arsa ilanları, doktor ve kitap ilanları da yer almaya başlamıştır.

RADYODA İLK REKLAM

Radyoların popüler olmaya başlamasıyla beraber reklamlar, radyolarda da kendini göstermeye başladı. Türkiye'de radyoda ilk reklam, 1951 yılında yayınlandı. Reklamlar, önceleri radyonun kendi spikerleri tarafından sözlü olarak okunurken, daha sonra, reklamlar için "özel saatler" ayrıldı. Bankalar, özel kuruluşlar, resmi ve yarı resmi kuruluşlar, radyolarla anlaşma yaparak özel reklam programları yayınlatmışlardır.

Amerika'da Wayne Couuty Universty'de bir sömestr reklamcılık ve muhasebe öğrenimi gördükten sonra yurda dönen Faruk Deniz, 1956 yılında 5.000 lira sermaye ile Televizyon Reklam'ı kurarak radyo reklamcılığına başlamıştır. Yine aynı yıllarda Türkan Sedefoğlu, "Sedef Reklam" adıyla bir şirket kurarak ilk radyo reklamcılarından olmuştur. Sededfoğlu, aynı zamanda ilk kadın reklamcılardan sayılır.

Radyoda bir program kiralayan ilk ajans ise 1962'de radyoda program kiralayan Ankara Reklam Ajansı'dır.

TELEVİZYONDA İLK REKLAM

Televizyonun tüm dünyada ve Türkiye'de yaygınlaşmasıyla reklam televizyona taşınmaya başladı.

Televizyonda ilk reklam, 1972 Mart ayından itibaren TRT Ankara Televizyonu'nda yayınlanmaya başladı. Başlangıçta bazı iş adamları özel prodüksiyon şirketlerine küçük çaplı reklamlar yaptırmışlardır. Zamanla reklam filmleri çekilmeye başlandı.

Ülkemizde ilk reklam filmi, 1949 yılında Güzel Sanatlar Akademisi profesörlerinden Vedat Ar'ın Filmar isimli firmasında canlandırma resim çalışmalarıyla çekildi.

TRT'nin renkli yayına geçmesi ile reklam filmleri renkli olarak ekranlara yansımaya başladı. Televizyon kanallarının artması ve özel televizyonların kurulmasıyla, reklam gelirlerinden pay almak için büyük bir rekabet başlamıştır.

İLK REKLAMCILIK ŞİRKETİ

Yurdumuzda ilk reklamcılık şirketi, "İlancılık Şirketi" adıyla 1909'da İstanbul'da kuruldu. Bu şirket, gazete ilanlarının dağıtımını gerçekleştirdi.

Türkiye'de mallarını pazarlayan yabancıların reklama verdiği önem sonucu, İkinci Dünya Savaşı sonunda Batılı anlamda reklam ajansları kurulmaya başlandı.

Türkiye'de kurulan ilk reklam ajansı, 1944 yılında kurulan "Faal Reklam Ajansı"dır. Eli Acıman, Vitali Hakko ve Began adlarında üç girişimci tarafından kurulan ajans, genelde Koç Şirketi'nin reklamlarını yapmıştır. Daha sonraları Yeni Ajans, İstanbul Reklam Ajansı gibi başka ajanslar da kurulmuş ve reklam ajansları, bir çok insana iş imkânı sunmuştur.

İLK RESİM SERGİSİ

Batılı anlamda ilk resim, Tanzimat'tan sonra Askerî okullara resim dersinin konmasıyla başladı. Bu dönemin ilk ressamlarından olan Şeker Ahmed Paşa, Tıbbiye'den sonra girdiği Mekteb-i Harbiye'de resim çalışmalarını sürdürmüş ve yaptığı resimlerle Sultan Abdülaziz'in dikkatini çekmeyi başarmıştır.

Şeker Ahmet Paşa, Sultan Abdülaziz'in desteğiyle 1864 yılında Paris Güzel Sanatlar Akademisi'ne girmiştir. Paris'te öğrenimi sırasında dönemin hükümdarı Abdülaziz'in portresiyle sergiye katılan Şeker Ahmet Paşa, dışarıda sergiye katılan ilk ressamımız olmuştur. 1871'de okulunu üstün başarıyla bitirdikten sonra yurda dönen şeker Ahmet Paşa, önce Mekteb-i Harbiye'de, sonra çeşitli okullarda resim öğretmenliği yaptı.

Türkiye'deki ilk resim sergisinin mimarı, ressam Şeker Ahmet Paşa'dır. 27 Nisan 1873 yılında, resim öğretmeni olarak çalıştığı Bayazıt Zeyrek Kaptan-ı İbrahim Paşa Mektebi'ndeki öğrencileri ve çalışma arkadaşları ile birlikte ilk resim sergisini açtı. Bu sergi ile birlikte modern resim sanatı ve akımları da Osmanlı'da başlamış oldu.

Şeker Ahmet Paşa, 1897 yılının mayıs ayında ilk kişisel sergisini açarak, ilk kişisel sergi açan Türk ünvanını almıştır.

İLK RÜŞVET

Her çağda ve her ülkede değişik biçim ve değişik isimler altında alınmış, verilmiş olan rüşvetin tarihi, çok eskilere dayanmaktadır. Tarihimizde ilk büyük rüşvet, 16. yüzyılda dönemin vezirlerinden Şemsi Paşa tarafından Padişah Üçüncü Murat'a verilmiştir. "Bugün padişaha, bir haksız iş için, önemli ölçüde bir rüşvet kabul ettirdim. Onun için çok mutluyum" diyerek saraydan ayrılıp bugün Şemsipaşa denilen yerde bulunan konağına büyük bir sevinç içinde dönen İsfendiyaroğulları'ndan olan Şemsi Paşa, vaktiyle İsfendiyar oğulları ülkesini ortadan kaldıran Osmanoğluna rüşvet vermekle onları rüşvete alıştırdığını, böylece atalarının öcünü aldığını belirtmiştir.

Kanuni Sultan Süleyman devrinde iki defa vezaret-i uzma makamına gelip ondört sene yedi ay ondokuz gün bu makamda kalan Hırvat Rüstem Paşa, Osmanlı tarihinde rüşveti, büyük memuriyetler tevcihine mukabil tarifeli bir "resmî rüşvet" şekline sokmuştur. 10 Temmuz 1561 Perşembe günü ölen Hırvat Rüstem Paşa, suistimal kapısını ilk açan ve Osmanlı'nın çöküşünün en önemli etkenlerinden birini hazırlamış olan kişidir.

İLK SANAT OKULU (ISLAHHANE)

Ülkemizde ilk defa, 1848'de İstanbul'da bir sanayi mektebi kurulmasına teşebbüs edildi. Zeytinburnu Fabrikası'nda staj imkânı sağlanması da düşünülerek Zeytinburnu'nda yapılan bu okul, öğretime açılamadı.

Sanayi okulu açmak için ikinci teşebbüs Tuna Valisi Mithat Paşa tarafından yapıldı. İlk olarak Tuna Vilâyeti'nde önce 1863'te Niş'te, daha sonra da Ruscuk'ta açılan okula kimsesiz ve yardıma muhtaç çocukların alınması ve bunların hâl ve geleceklerinin düzeltilmesi düşünüldüğünden ıslahevi denildi. Tuna Vilâyeti'nden sonra Rusçuk, Halep, Selânik ve İstanbul'da da açılan bu okullara, daha sonraları Sanâyi Mektebi adı verildi. 1868'den sonra Bursa, İzmir, Bosna, Trabzon, İşkodra, Kastamonu, Erzurum ve Diyarbekir'de açılan okullarla bu faaliyet genişletildi.

Islahhanelerde öğrencilere ilköğretim seviyesinde dersler okutulduğu gibi, bulunduğu bölgenin ihtiyaçlarına göre terzilik, kunduracılık, mürettiplik, demircilik ve marangozluk gibi sanat eğitimi de verildi. Bu okulların başarılı olması üzerine diğer şehirlerde de benzerleri açıldı. Islahhanelerin yerini sonraları sanat mektepleri almıştır.

İLK SATRANÇ ŞAMPİYONASI

Türkiye'de satrancın geçmişi oldukça eskidir. Türkiye kütüphanelerinde 1500 yıllarında yazılmış kitaplar bulunmuştur. Bunlardan ilki, Kanuni Sultan Süleyman döneminde Seferihisarlı İsmail Şaban tarafından derlenen elyazması kitaptır. Bu kitapta, satrancın faydaları ve geçmişi anlatılmaktadır. Satranç konusunda yazılmış bir diğer önemli eser de, 1680 yılında Kahire Mevlevihanesi Şeyhi Vanlı Dede'nin zamanın Mısır Valisi Abdurrahman Paşa'ya gönderdiği kitaptır.

Cumhuriyet'ten sonra satranç askeri okullarımızda bir ders olarak okutulmaya başlandı. Türkiye'de satranç alanındaki çalışmalar, 1936 yılında Ankara'da, 1943 yılında İstanbul'da satranç kulüplerinin kurulmasıyla resmiyet kazanmış, 1954 yılında da Türkiye Satranç Federasyonu kurulmuştur.

Türkiye'de ilk ferdi satranç yarışması, 1965 yılında yapıldı. Bu ilk yarışmayı, Seracettin Bilyap kazanmıştı. Türkiye ilk Satranç Olimpiyatları'na 1962 yılında katılmıştır. Satrançcılarımız, Varna'da düzenlenen bu olimpiyatta bir başarı gösterememiştir. Türkiye'nin ilk uluslararası satranç ustası ise Nevzat Süer'dir. 1943'te satrançla tesadüfen tanışan Süer, 3 kez Türkiye Şampiyonu olmuştur.

İLK SAVCILIK

Türkiye'de savcılık müessesesini ilk olarak 1876 Anayasasının 91. maddesinde görüyoruz. Kanun-u Esasi'nin 91. maddesinde yapılan düzenlemeyle ceza davalarında kamu hukukunu koruyacak savcıların bulunması öngörülmüştür. Türkiye'de modern anlamda savcılık (müddeiumumilik), ilk defa 1879 yılında II. Abdülhamid döneminde, Teşkilat-ı Mehakim Kanunu ile Osmanlı hukukuna girmiştir. Savcılık müessessi ilk defa Hazine temsilcisi olarak Sayıştay kuruluşunda yer almıştır. "Hasmı mansup" (Tâyin edilmiş hasım) ünvanını alan savcılar, ilk zamanlar garip karşılanmıştı. Halk, davalı ve davacı iki taraf varken üçüncü şahsın muhakemeye müdahalesini ilk zamanlar anlayamamıştı.

1982 Anayasası'ndan önceki kânunlarda da savcılık müessesesine yer verilmiştir. Savcıya, cumhuriyet adına görev yaptığını belirtmek üzere "Cumhuriyet Savcısı" adı verilmektedir. Türkiye'nin ilk kadın savcıları, Işıl Tüzünkan Koçhisarlıoğlu ve N. Meliha Sanu'dur.

İLK SAYIŞTAY

Sayıştay, ilk kez 1876 yılında ilan edilen Kanun-i Esasi'nin 105-107 maddelerinde yer almış ve Anayasal bir kuruluş niteliği kazanmıştır. 1920 yılına kadar varlığını sürdüren Sayıştay, Ankara'da Türk Devleti'nin kurulması üzerine Osmanlı Dönemi Sayıştay'ı İstanbul Hükümeti ile birlikte kaldırılmıştır. Osmanlı Dönemi Sayıştay'ının son başkanı Armanak Sakızlı açıkta kalmıştır. Mali işlerin daha iyi denetlenmesi amacıyla 29 Nisan 1923 tarihinde TBMM Hükümeti tarafından Sayıştay kurulmuştur.

Cumhuriyet döneminde, Sayıştay üyelerinin hükümetçe atanması sakıncalı görülerek 24 Kasım 1923 tarihinde 374 Sayılı "Divan-ı Muhasebat'ın Sureti İntihabına Dair Kanun" çıkarılarak Sayıştay yeniden kurulmuştur. Mecliste tartışmalı geçen görüşmeler sonucunda Sayıştay, 20 Nisan 1924 Anayasası'nın 100. maddesinde yer almıştır.

Cumhuriyet döneminde ilk Sayıştay başkanı, A. Fuat Ağralı'dır. İsmet İnönü'nün Lozan danışmanlarından olan Ağralı, 12 Aralık 1923 tarihinde Sayıştay Başkanı seçilmiştir. Türkiye Cumhuriyeti'nde ilk kadın Sayıştay üyesi ise Fahrünisa Yetmen'dir.

İLK SEÇİM

Türk tarihinde ilk seçim, 1876 yılında I. Meşrutiyet'in ilanı ile II. Abdülhamit döneminde yapıldı.

Kanun-i Esasi'de kanunların görüşülmesi için iki meclis oluşturulması kararlaştırılmıştı. Kanun-i Esasi'ye göre oluşturulacak olan Âyan Meclisi'nin üyelerini padişah seçecekti. Mebusan Meclisi ise Osmanlı vatandaşı olan her 50.000 erkek arasından seçilen milletvekillerinden meydana geliyordu. Meclis-i Mebusan dört yıl için seçilir ve yılın belli dönemlerinde toplanırdı. İlk seçimlerde halk, oy kullanmadı. İl meclisleri seçim yaptı.

Türkiye'de 1946'ya kadar seçimler iki dereceli olmuştur. Yani, halk mebusları doğrudan seçmemiş, seçmenler ikinci seçmenleri, onlar da toplanıp, mebusları seçmişlerdir.

İLK SERGİ

Osmanlılar döneminde ülkede üretilen ürünleri teşhir etmek ve tanıtmak amacıyla zaman zaman sergiler düzenlenmiştir. Bu sergilerde üreticiler yeni ürünler tanırlarken bir yandan da ürünlerini pazarlamak için yeni pazarlar keşfediyorlardı.

Türkiye'de ilk sergi, 28 Şubat 1863'te İstanbul Sultanahmet'te 3500 metrekarelik bir alanda açıldı. Bütün çiftçi ve esnafa açık olan bu sergide, ziraat mahsulleri başta olmak üzere 10.000 den fazla ürün ve mal sergilenmiştir. Beş ay açık kalan sergi, Osmanlı Devleti'nin zengin kaynaklara sahip olduğunu, kaynakların akıllı kullanılmasıyla dışa bağımlılığın azalacağını gösterdi.

İLK MİLLETLERARASI SERGİ

Osmanlı Devleti, ülkede üretilen ürünleri tanıtmak, ülkenin kaynaklarını teşhir etmek için yurtdışı sergilerine katılmıştır.

Osmanlı Devleti'nin katıldığı ilk milletlerarası sergi, 1851 de Londra'da açılan sergidir. Osmanlı Devleti'nin, çeşitli yünlü, ipekli ve pamuklu dokumalar, deri, çini, ahşap, altın ve gümüş süs eşyaları ve çeşitli toprak mahsullerinden oluşan 700 civarında mahsul ve mamulle katıldığı Londra Sergisi'nde Beykoz Fabrikası ürünleriyle kâğıt, deri, ipek, Tunus fesleri ve bazı el işlemeleriyle toprak mahsulleri ödül kazanmıştır.

1855'deki Paris Sergisi'ne daha iyi bir organizasyonla katılan Osmanlı Devleti, 2000 çeşit ürünle sergideki yerini almıştır. İncir, üzüm, susam ve buğday gibi toprak mahsullerinin yanında keçe, altın ve gümüş eşyalar, keten ve pamuklu elbiseler, ağızlıklar başta olmak üzere bu sergide de 27 madalya ve 20 mansiyon kazanılmıştır.

İLK SİGORTACILIK

Türkiye'de sigortacılık, 1864 yılında Abdülaziz döneminde çıkarılan bir "fetva" ile başladı. 1864 yılında, Deniz Ticâret Kânunu'na "Deniz Nakliyat Sigortası" konusuna âit hükümler konularak sigorta konusunda ilk önemli adım atılmıştır. İlk sigorta şirketleri, 1872 yılında İstanbul'da faaliyete başladı. Üç İngiliz firması The Sun, The Northern ve The North British Sigorta Şirketleri şûbe açarak sigortacılık faaliyetine başladılar. Daha sonra Fransız, İsviçre, Alman, Avusturya, Rus, İtalyan, Bulgar, Romen sigorta şirketleri kuruldu.

Türkiye'de kurulan ilk sigorta şirketi, sermayesi yabancılara ait olan Osmanlı Bankası, Tütün Rejisi ve Duyun-ı Umumiye İdaresi'nin ortaklığıyla 1893'te kurulan "Osmanlı Umum Sigorta Şirketi"dir.

Türkiye'nin ilk yerli sermayeli sigorta şirketi, Anadolu Sigorta'dır. 1 Nisan 1925 tarihinde Atatürk'ün girişimiyle, ilk ulusal bankamız olan Türkiye İş Bankası'nın öncülüğünde kuruldu. 14 Mart 1925'te Güneş Sigorta A.Ş. kurulmuş ve bunu, 19 Eylül 1926'da Bozkurt Türkiye Umum Sigorta Şirketi'nin kuruluşu izlemiştir.

Ülkemizde özel sermayeli ilk Türk sigorta şirketi olan Doğan Sigorta, 1942'de kurulmuştur. 1944'de Halk Sigorta, 1945'te Destek Reasürans, 1948'de Türkiye Genel Sigorta,

1950'de İnan Sigorta, 1955'te Şeker Sigorta, 1957'de Güneş Sigorta, 1958'de Birlik Sigorta ve Ray Sigorta, 1959'da Başak Sigorta ve Cihan Sigorta, takip eden yıllarda da çok sayıda sigorta şirketi hizmete başlamıştır.

İLK SİNEMA GÖSTERİMİ

Tiyatro, opera, bale gibi sinema da ülkemize 19. yüzyılın sonlarında gelmiştir. Sinema binaları yapılmadan önce ilk sinema gösterimi, sarayda, birahane, kıraathane ve kahvehane gibi kamusal alanlarda yapılmıştır.

Ülkemizde ilk sinema gösterimi, 1896 yılında Saray'da yapıldı. Bu sinema gösterimine öncülük edenler ise Bertrand adlı bir hokkabaz ve taklitçi ile Didon isimli bir ressamdır. Halka açık ilk gösterim ise 1897 yılında Polonya Yahudisi olan Sigmund Weinberg tarafından Galatasaray Lisesi'nin karşısındaki Sponeck birahanesinde yapıldı. Daha sonra Şehzadebaşı'ndaki Fevziye Kıraathanesi'nde sinema gösterimi yapıldı.

İLK SİNEMA SALONU

Film göstermeye yarayan özel bir makineyle görüntülerin beyaz perdeye yansıtıldığı salon veya yapı olarak tanımlanabilecek sinema, günümüzde hemen hemen tüm alışveriş merkezlerinde ve şehir merkezlerinde insanların hoşça vakit geçirdikleri önemli uğrak yerlerinden biri haline gelmiştir.

Ülkemizde ilk sinema salonu, 1908'de İstanbul'da, Tepebaşı Şehir Tiyatrosu'nun eski komedi binasında Pate şirketinin Türkiye temsilcisi Vaynberg tarafından yaptırıldı. "Pate" adlı bu ilk sinema salonu, daha sonraki yıllarda Anfi, Asri ve Ses Sineması adıyla seyircilere hizmet vermiştir. Bu sinema salonunun mimarı, Kampanaki idi. 1912 yılında İzmir Kordon'da; 1914 başlarında İstanbul Beyoğlu'nda "Palas" sineması kuruldu.

İlk Türk sinema salonu ise, 19 Mart 1914 günü "Milli Sinema" adıyla İstanbul'da Fevziye Kıraathanesi'nde açıldı.

Dünyada ilk sinema salonu, William T. Rock tarafından 26 Haziran 1896 günü, ABD'nin New Orleans şehrinde açılmıştı. Giriş ücreti 10 sent olan "Vitascope Hall" adlı bu salonun, 400 koltuğu vardı.

İLK SOĞUK HAVA DEPOSU

Besinlerin soğukta muhafaza edilmesi, çok eski dönemlerden beri uygulana gelen bir yöntemdir. İlk zamanlar besinleri soğukta muhafaza etmek için kar kullanılmıştır. 1800'lü yıllarda soğuk hava üreten makinelerin yapılmasıyla besinlerin saklanmasında yeni bir çığır açılmıştır.

Ülkemizde ilk soğuk hava deposu, İngilizler tarafından 1904 yılında İzmir'de kuruldu. İlk büyük soğuk hava deposu da, 1926'da İstanbul Mezbahası'nca kuruldu.

İlk zamanlar besinlerin saklanması için kullanılan soğuk hava depoları zamanla fidanların muhafazaya alındığı yerler olmuştur. İlk kez 1940 yılında Amerika Birleşik Devletleri'nde başlayan bu uygulama daha sonra Avrupa devletleri tarafından benimsenmiş ve fidanlar soğuk hava depolarında uzun süre muhafaza edilebilmiştir.

Türkiye'de fidanları korumak için ilk soğuk hava deposu, 1952 yılında Bahçeköy Örnek Devlet Orman İşletmesi'nde küçük bir bodrum odasında kurulmuştur. Fidan saklamak için zamanla pek çok fidanlığa soğuk hava deposu yapılmıştır.

İLK SPOR KULÜBÜ

Türkiye'de kurulan ilk spor kulübü, 1903'te Serencebey'deki Şeyhülharem Osman Paşa'nın Konağında Beşiktaş Bereket Jimnastik Kulübü adıyla kurulan Beşiktaş Jimnastik Kulübü'dür. Mehmet Şamil, Fuat Balkan, Hüseyin Bereket, Ahmed Fetgeri (Aşeni), M. Ali Fetgeri, Mazhar Hoca (Kazancı), Nazım Nazif, Haydar, Tayyareci Fethi, Behçet ve Şevket beyler tarafından kurulan kulübün ilk başkanı olarak Şamil Osman seçildi.

İlk kurulduğunda kırmızı-beyaz bir formaya sahip olan BJK, ilk zamanlar güreş, boks, eskrim, barfiks, aletli ve aletsiz jimnastik spor dallarında faaliyet gösterdi. Daha sonra 1905'te Galatasaray ile 1907'de Fenerbahçe kulüpleri kuruldu.

BJK, 13 Ocak 1910 tarihinde adını Beşiktaş Osmanlı Jimnastik Kulübü olarak tescil ettirerek ilk tescil edilen spor kulübü olmuş ve Türk spor tarihinde bir çok ilke imza atmıştır.

İLK ŞARAP

Şarap, ilk olarak Milattan Önce 4000 yıllarında Anadolu'da üretildi. Anadolu'nun yerlisi Hititliler, şaraba düşkünlükleriyle biliniyorlardı.

İslam dinini benimseyen Türkler, geleneksel içkileri olan kımızın yanı sıra şarap üretip tüketmişlerdir. Türkler, İslam dininin yasaklamış olması nedeniyle, 11. yüzyılda Anadolu'ya gelince şarap üretimini ve tüketimini daha çok Müslüman olmayan Rum ve Ermenilere bırakmışlardır.

Osmanlılar Döneminde de şarap, daha çok Müslüman olmayan topluluklar tarafından üretilip tüketilmiştir. Fakat zaman zaman bazı Müslümanlar yasağa rağmen şarap tüketmişlerdir.

En çok tüketilen şarap türü kırmızı şaraptır. Ülkemizde şarap, daha çok yabancı turistler tarafından tüketilmektedir.

İLK ŞEKER FABRİKASI

Türkiye'de şeker fabrikası kurmak için 19. yüzyılda bir çok kez teşebbüste bulunulmuş, fakat şeker fabrikası kurmak mümkün olmamıştır.

Yurdumuzda ilk şeker fabrikası, Uşak'ta açıldı. Molla Ömeroğlu Nuri Şeker adında bir çiftçinin girişimi ve mahalli birçok müteşebbisin iştiraki ile 19 Nisan 1923 tarihinde 600.000 TL sermaye ile kurulan Uşak Terakki Ziraat T.A.Ş., 6 Kasım1925 tarihinde ilk Şeker Fabrikasının temelini atmıştır. Türkiye'nin ilk şeker fabrikası kabul edilen Uşak Şeker Fabrikası, 17 Aralık 1926 tarihinde işletmeye açılmıştır.

İlk Türk şekerini ise Uşak Şeker Fabrikası ile eşzamanlı olarak 22 Aralık 1925 tarihinde temeli atılan ve onbir ayda montajı tamamlanarak 26 Aralık 1926 tarihinde işletmeye açılan Alpullu Şeker Fabrikası üretmiştir. Alpullu Şeker Fabrikası, özel şahısların ve bazı milli bankaların iştiraki ile İstanbul'da kurulan "İstanbul ve Trakya Şeker Fabrikaları T.A.Ş." tarafından Kırklareli'nin Alpullu kasabasında kurulmuştur.

İLK TANZİM SATIŞ

Türkiye'de ilk tanzim satış, II. Abdülhamit zamanında yapılmıştır. 1877-1878 Osmanlı-Rus Savaşı münasebetiyle tedavüle çıkarılan kaimelerin değerinin gittikçe düşmesi şikâyetlerin artmasına yol açmıştı. Koyun, keçi ve sığır gibi kesilecek hayvanların ticaretini yapanlara bir türlü meram anlatılamıyordu.

Halkın büyük bir kısmının et alamadığını öğrenen II. Abdülhamit üzüntü ve telaşla şu iradeyi vermiştir: "Dâire-i askeriye müteahhidlerinden miktar-ı kâfi koyun alınsın geceden her kasap dükkânının yanına salaştan bir sergi yapılsın, koyunlar kesilerek bu sergi yerlerinde Şehremâneti marifetiyle ve ucuz fiyatla ahâliye et satılsın."

Askeri yetkililere ve belediyeye derhal tebligat yapılmış, ertesi gün halk ucuz fiyatla et ihtiyacını karşılayabilmişti. Daha sonraki yıllarda tanzim satış yerleri giderek yaygınlaşmıştır.

İLK TELEFERİK HATTI

Türkiye'de ilk teleferik hattı, 29 Ekim 1963 tarihinde Bursa Uludağ'da faaliyete geçmiştir. Yapımına 1955 yılında Elektrik İşletmesi tarafından başlanan tesislerin yapım işi, 1958 yılında İsviçreli Von Roll firmasına 27 milyon liraya ihale edilmiştir. Bursa'nın güneydoğusundaki Teferrüç İstasyonu'ndan sırayla Kadıyayla ve Sarıalan İstasyonlarına çıkan hatta kullanılan kabinler kırkar kişi taşımaktadır. 1968 yılına kadar Elektrik İşletmesi tarafından işletilen tesisler, 1969 yılında müstakil bütçeli bir işletme haline getirilmiştir.

Memleketimizin ikinci teleferiği olan İzmir Balçova teleferiği ise 24 Mart 1981'de faaliyete başlamıştır. Bu teleferik, yirmişer kişilik kabinlerle hizmet vermektedir.

Günümüzde ulaşımı zor, sarp ve engebeli yerlerde teleferiklerden faydalanılmaktadır.

İLK TELEFON

Yurdumuza ilk telefon, 1881 tarihinde girmiştir. Memleketimizde ilk telefon hattı, İstanbul'daki Posta-Telgraf Nazırının odası ile Telgraf Müdürlüğü arasında çekilmiştir. Fakat bu hatlar gizli işlerde kullanılabileceği endişesi ile dönemin padişahı II. Abdülhamit tarafından sökülmüştür.

Yurdumuzda düzenli ve teşkilatlı ilk telefon şebekesi, 1908 yılında Meşrutiyet'in ilanından sonra faaliyete başladı. II. Meşrutiyet'in ilanından sonra telefon konusu yeniden ele alınmış, 19 Nisan 1911 tarihli "İrade-i Seniyye" ile Türkiye'de bir telefon şirketinin kurulması ve bu şirket vasıtasıyla haberleşmenin sağlanması kanunlaşmıştır. Telefon konusunun yasal dayanağının oluşturulmasından sonra ilk telefon santralı, 1911'de İngilizler tarafından İstanbul Kadıköy'de ve Beyoğlu'nda kuruldu. İkinci telefon santralı İzmir'de açıldı. İlk otomatik telefon santralı ise 1926 yılında Ankara'da kuruldu.

İlk şehirlerarası telefon bağlantısı, 1 Temmuz 1929'da İstanbul-Ankara arasında yapılmıştır. Konuşma ücreti; ilk üç dakika için 115 kuruş, sonraki 3 dakika için 100 kuruş olarak belirlenmişti. İlk milletlerarası konuşma ise 1931 yılında İstanbul-Sofya arasında yapılmıştır. Bu konuşma, İstanbul'daki Tahtakale Telefon Santrali üzerinden gerçekleştirilmiştir.

İLK TELEVİZYON YAYINI

Ülkemizde ilk televizyon yayını, 1952 yılının Mart ayı içerisinde İstanbul Teknik Üniversitesi tarafından başlatıldı.

İstanbul Teknik Üniversitesi Yüksek Frekans Kürsüsü Başkanı Mustafa Santur'un girişimleriyle İstanbul Taşkışla'da bölgesel olarak ve haftada birkaç saat deneme yayınları ile başlatılan bu yayınlar, sınırlı sayıda kişi tarafından izlenebiliyordu. Yayınların başlamasıyla "İTÜ TV Deneme Yayını" flaması da ekranda dalgalanmaya başladı. İTÜ TV, 1952'den 1972'ye kadar yayın yapmış, Televizyon yayıncılığının öncüsü olmuştur.

TRT Televizyonu, 1964'te Ankara'daki Mithatpaşa Caddesi'nde bulunan stüdyoda resmen kuruldu. İlk resmi televizyon yayını, 31 Ocak 1967 akşamı Ankara'da yapıldı. 1968'de TRT siyah-beyaz olarak sürekli yayına başladı. İlk başlarda tek kanalken sonradan yeni TRT kanalları açıldı. 1982'lerde renkli yayınlara geçildi.

İLK ÖZEL TELEVİZYON KANALI

Türkiye'nin ilk özel televizyon kanalı, Star TV'dir. Star TV, Lichtenstein'da 50.000 İsviçre Frangı sermaye ile 3 Ağustos 1989'da Magic Box Incorporated AG adlı şirket tarafından Magic Box Star 1 adı ile kuruldu. 5 Mayıs 1990 tarihinde Almanya üzerinden test yayınına başlayan kanal, 4 Ağustos 1990 tarihinde ise "Star 1" adıyla normal yayına başladı.

Türkiye'nin ilk özel televizyon kanalı olan Star'ın ilk patronları ise Cem Uzan, babası Kemal Uzan ve Turgut Özal'ın büyük oğlu Ahmet Özal'dı.

Ülkemizde özel televizyonda ilk haber, Star TV'de TRT kökenli haber spikerlerinden Gülgun Feyman tarafından sunulmuştur.

İLK TELGRAF

Yurdumuzda ilk telgraf haberleşmesi, Sultan Abdülmecid döneminde, 9 Eylül 1855 Pazar günü faaliyete geçmiştir. Bu ilk telgraf bağlantısı, İstanbul-Edirne-Varna arasında kurulmuştu. İlk telgraf haberleşmesinde Kırım Savaşı'nda kazanılan Sivastopol Zaferi İstanbul'a bildirilmiştir.

1855'ten sonra telgraf bölükleri kurulmuş ve telgrafla haberleşme geniş çapta kullanılmaya başlanmıştır. İlk Telgraf Müdürlüğü'ne de 29 Mart 1855'te Billurîzâde Mehmed Bey atanmıştır. Önceleri sadarete bağlı olan müdürlük, 1870'te Posta Nezareti'yle birleşti ve Posta ve Telgraf Nezareti adı altında Dâhiliye Nezareti'ne bağlandı.

Başlangıçta telgrafçıların hemen tamamı ülke dışından getirtilmişti. Kendi telgrafçılarımızı yetiştirmek amacıyla 1861'de İstanbul'da Gülhâne Parkı karşısında ilk telgraf okulu açıldı. Burada yetişen telgrafçılarımız önemli hizmetlerde bulundular.

İLK TİYATRO

Türkiye'de ilk tiyatro etkinlikleri, İngiliz Elçiliği'nin bir salonunda başlamıştır. Tiyatro etkinlikleri, 19. yüzyılda gelişme göstermiş ve Gedikpaşa, Naum ve Verdi gibi tiyatro yapıları yapılmıştır.

Türkiye'de ilk tiyatro binası, 1840 yılında Bosco adında bir İtalyan tarafından yapıldı. Bu tiyatro salonunda metinleri Türkçeye çevrilen oyunlar ve operalar oynandı. Burada metinleri Türkçeye çevrilerek oynanan operaların ilki, Gaetano Donizetti'nin "Belisario" operasıydı.

Bosco'nun tiyatrosu, 1844'te Tütüncüoğlu Michael Naum Efendi'ye devredildi. Suriyeli Katolik bir ailenin oğlu olan Naum Efendi, 26 yıl İstanbullulara hizmet verdi. Bu tiyatroda ilk kez yabancı tiyatro kumpanyalarının temsilleri oynatıldı. Naum Tiyatrosu'nda oynanan ilk opera ise 29 Aralık 1844 tarihinde temsil edilen Gaetano Donizetti'nin "Lucrezia Borgia" adlı eseri oldu.

Türkiye'de İlk Türkçe oyun ise Güllü Agop'un tiyatrosunda oynanmıştır. "Sezar Borjiya" adındaki bu oyun, 1868 yılında sahnelendi. Namık Kemal ve Âli Bey'in de desteklediği Gedikpaşa Tiyatrosu, bir süre sonra yalnız yerli oyunları sergilemeye başladı.

İLK TİYATRO ESERİ

İki veya daha fazla kişi tarafından oynanmak üzere yazılmış; genellikle sınırlı bir zaman içerisinde, dar bir çevrede geçen bir olayı anlatan eser veya bu esere sâdık kalarak sahneye konan oyunlara piyes yada tiyatro eseri denir. 19. yüzyıldan sonra tiyatro oyunlarına piyes denmeye başlandı.

Türkçe yazılmış ilk piyes, yazarı, kimi kaynaklarda "İskerleç", kimi kaynaklarda "Dombay" olarak geçen üzerinde "Ketebe el Fakir İskerleç" ibâresi bulunan Vak'ayi-i Acibe ve Havâdis-i Garibe-i Kefşer Ahmed (Pabuççu Ahmed'in Garip Vak'aları ve Sergüzeştleri)'dir. Prof. Fahir İz'in Viyana Millî Kütüphânesinde tesâdüf ettiği, bu piyesin, konusu Bağdat'ta geçmektedir.

İlk Türk Tiyatro eseri ise Şinasi tarafından yazılan ve 1860'ta Tercüman-ı Ahval Gazetesi'nde yayınlanan Şair Evlenmesi'dir. Türkiye'de 1842 yılından itibaren Avrupalı yazarların piyesleri tercüme edilmeye başlanmış ve ilk olarak Molière'in "Bourgeois Gentilhomme" (Kibarlık Budalası) ve "Le Malade İmaginaire" (Hastalık Hastası) tercüme edilmiştir. Ülkemizde sahnelenen ilk tiyatro oyunu, Namık Kemal'in yazmış olduğu Vatan yahut Silistre'dir.

İLK TOPLU SÖZLEŞME

Dünyada ve Türkiye'de ilk toplu sözleşmenin, 1776 yılında Kütahya'da gerçekleştirildiği sanılmaktadır. Kütahya Vahid Paşa Kütüphanesi'nde bulunan bir belgeye göre, Türkler işçi haklarına öncülük etmişlerdir.

İngilizlerin iddia ettikleri gibi ilk toplu sözleşmenin 1815 yılında İngiltere'de yapılmadığı; ilk toplu sözleşmenin, Kütahya'da yapılan "Fincancılar Anlaşması" olduğu tespit edilmiştir.

Şer'iye Mahkemesi sicilinin 57'nci sayfasında kayıtlı anlaşma metnine göre, 1776 yılında Anadolu Valisi Ali Paşa zamanında, Kadı Ahmed Efendi'nin tasdiki ile Kütahya'da mevcut 24 çini ve fincan atölyesi sahibi ile işçileri arasında bir sözleşme imzalanmıştır. Bu sözleşmeye göre, "Kalfaların, yardımcıların, ustaların ve vasıfsız işçilerin yevmiyeleri" nin tespit edilip, her gün belli sayıdaki fincan imali karşılığı alacakları ücret tespit edilmiştir.

İLK TRAMVAY

Türkiye'ye ilk tramvay, 1871 yılında getirildi. Bu tramvaylar atlarla çekiliyordu.

Türkiye'de ilk elektrikli tramvay, 1907 yılında, II. Abdülhamit zamanında, Selanik'te işletilmeye başlanmıştır. İstanbul'da ise ilk defa, 11 Şubat 1914 tarihinde elektrikli tramvay işletmeciliğine geçildi. II. Abdülhamit, büyük şehirlere atlı tramvay hatları döşetmiştir.

Elektrikli tramvaylar uzun yıllar kullanıldıktan sonra 1961'de İstanbul, 1967'de Kadıköy yakasından kaldırıldı. 1992 yılından itibaren İstanbul'da tramvaylar yeniden faaliyete geçti.

Elektrikli tramvayların günümüzdeki temsilcisi ve canlı örneği olan nostaljik tramvay, Taksim-Tünel arasında yolcu taşımaktadır.

İLK ELEKTRİKLİ TREN

Türkiye'de ilk elektrikli tren, 4 Aralık 1955 tarihinde İstanbul'da Sirkeci-Halkalı arasında çalışmaya başladı. 1969 yılında ise İstanbul'un Anadolu yakasında Haydarpaşa-Gebze arasında ikinci elektrikli tren işletmeciliğine geçildi.

1879 yılında Alman Ernst von Siemens tarafından icat edilen ilk elektrikli tren, ilk defa 4 Kasım 1980 tarihinde, İngiltere'nin Londra şehrinde hizmete girmişti.

İLK TROLEYBÜS

Genellikle şehir içi ulaşımında kullanılan, elektrik enerjisiyle çalışan, lastik tekerlekli, iki kasalı, otobüs benzeri bir ulaşım aracı olan troleybüs, ilk zamanlar "elektrikli otobüs" olarak anılırdı.

Ülkemizde ilk troleybüs hattı, 1947 yılında Ankara'nın Ulus ve Bakanlıklar semtleri arasında tesis edildi. 1954'te İzmir, 27 Mayıs 1961'de de İstanbul'da şehiriçi yolcu taşımacılığında kullanıldı. İstanbul'da ilk troleybüs hattı, Topkapı-Eminönü arasında açılmış ve zamanla 100 adet troleybüsle hizmet alanı genişletilmiştir.

Trafik yoğunluğunun artışı, parçalarının eskimesi, gidiş-geliş periyotlarının düzgün işlememesi gibi sebeplerle 16 Temmuz 1984'te İstanbul'da, 1986'da Ankara'da tamamen ulaşımdan kaldırıldı.

İLK TÜP BEBEK

Türkiye'de "tüp bebek" yöntemiyle dünyaya gelen ilk bebek, Dilek Katrancı'dır. 1971 yılında evlenip Samsun'a yerleşen Türkay-Birsel Katrancı çiftinin 18 yıllık bir özlemini sona erdiren Türkiye'nin ilk tüp bebeği Dilek, 22 Aralık 1988 tarihinde dünyaya geldi. Dilek Bebek, Almanya'da Münih'te yeni açılan bir tıp merkezinde gerçekleştirilen bir uygulama ile olmuştu.

Türkiye'nin ilk tüp bebeği İzmir'de, Ege Üniversitesi Tıp Fakültesi Tüpbebek Merkezi'nde gerçekleştirilen uygulamayla dünyaya geldi. Avukat bir anne ile mimar bir babanın kızı olan, 18 Nisan 1989 günü, 2 kilo 450 gramlık ağırlığıyla hayata merhaba diyen bebeğe, "Ece" ismi verildi.

2 Mayıs 1989'da Ege Üniversitesi Tüp Bebek Merkezi'nde Türkiye'nin ilk tüp ikizleri Aykut Kenan Refik ile Kudret Evren Erol dünyaya geldiler. Melis, Haluk ve Kumru Ekinci kardeşler ise Türkiye'nin ilk tüp üçüzleri olarak bir buçuk kilo doğmuşlardı, 45 gün kuvözde yaşadılar.

Tüp bebek yönteminin dünyadaki ilk uygulaması Patrick Steptoe ve Roberts Edwards tarafından İngiltere'de gerçekleştirilmiş, bu yöntemle 25 Temmuz 1978 tarihinde dünyaya gelen ilk bebeğe Louise Brown adı verilmişti.

İLK TRAKTÖR

Türkiye'de ilk traktör üretimi, 1955'lerde montaj olarak başlamıştır. İlk Traktör üretimini, Vecdi Diker'in üstün gayretleriyle MKE, TZDK, Ziraat Bankası, Tariş, Çukobirlik ve Minneapolis –Moline Co. arasında yapılan protokolle 1954 yılında merkezi Ankara olmak ürere kurulan, Minneapolis-Moline Türk Traktör ve Ziraat Makineleri A.Ş. gerçekleştirmiştir.

Üretim bandından çıkan Türkiye'nin ilk traktörü, 55 BG UTSD, "bir numaralı çiftçi" olarak açılışı yapan Menderes'e hediye edildi ve Menderes'in Aydın'daki Çakırbeyli çiftliğine yollandı.

İlk üretilen traktörler, 6 Nisan 1955'te TZDK'ya teslim edildi. Şirket ilk sene, "UTSD" modeli 815 adet traktör ve çeşitli ekipman üretti. Daha sonraki yıllarda yerli üretime de geçilmiştir. İlk Türk Traktörü, 1964 yılında "Türk Traktör" üretilmiştir. Daha sonraki yıllarda yeni traktör fabrikaları kurulmuş ve traktörün tüm parçaları ülkemizde üretilmeye başlanmıştır. Son yıllarda ülkemiz, yurtdışına traktör ihraç eder duruma gelmiştir.

İLK TÜRKÇE EZAN

Ezanın Türkçe okunması fikri, ilk kez 1918 yılında Ziya Gökalp tarafından dile getirilmiştir. Ziya Gökalp, ezan ve Kur'an'ın Türkçe okunması ile ilgili düşüncesini "Türkçülüğün Esasları" kitabında da tekrarladı. Onun bu fikirleri Cumhuriyet döneminde büyük kabul gördü ve ezanın Türkçe okunması için çalışmalar yapıldı.

İlk Türkçe Ezan, 29 Ocak 1932 tarihinde, Hafız Rıfat tarafından Fatih Camii'nde okundu. 18 Temmuz 1932 tarihinde Diyanet İşleri Başkanlığı Ezanın Türkçe okunması için talimat verdi. 4 Şubat 1933 tarihinde Müftülüklere ezanı Türkçe okumaları, buna uymayanların şiddetli bir biçimde cezalandırılacaklarına dair yazı gönderildi.

Arapça ezan okuma yasağı, TBMM'nin kabul ettiği 5665 sayılı kanunla 16 Haziran 1950 tarihinde sona ermiştir. Günümüzde, serbest olmasına rağmen, camilerde yalnızca Arapça ezan okunmaktadır.

İLK TÜRKÇE HUTBE

Türkiye'de ilk Türkçe hutbe, 1911 yılı Haziran ayı içinde Bursa'da Hudâvendigâr Camii'nde okunmuştur. Camii'nin hatibi önce hutbeyi Arapça olarak aktarmış, daha sonra mesaj kısımlarını Türkçe olarak cemaate anlatmıştır.

Yeni Türk Devleti döneminde ilk Türkçe hutbe, Vahdettin'in İstanbul'u terk etmesinden bir hafta sonra, 24 Kasım 1922'de İstanbul Fatih Camii'nde Kırşehir Milletvekili Müfit Kurutluoğlu tarafından okundu. Fakat bu uygulama yaygınlaşmadı.

Ülkemizde bugünkü şekli ile, yani öğüt kısmının Türkçe, dua kısmının ise Arapça olarak hutbe okunmasına Cumhuriyet döneminde geçilmiştir. Diyanet İşleri Başkanlığı müftülüklere gönderdiği 4 Haziran 1925 tarihli bir genelgeyle hutbelerin öğüt kısmının Türkçe okunmasını istedi.

İlk Türkçe hutbe, 5 Şubat 1932 günü, yani Ramazan ayının son cuma günü İstanbul Süleymaniye Camii'nde okundu. İlk Türkçe Hutbe'yi okuyan Sadettin Kaynak'ın fraklı ve başı açık, cemaatin de fötr şapkalı olması gözlerden kaçmamıştı. 8 Şubat 1932 tarihinde Ramazan Bayramı'nda daha önceden kararlaştırıldığı gibi, İstanbul camilerinde ve Türkiye'nin pek çok yerinde bayram namazında hutbeler ve tekbirler Türkçe okunmuştur.

İLK TÜRKÇE SÖZLÜK

İlk Türkçe sözlük, Karahan prenslerinden Kaşgarlı Mahmut tarafından yazılan "Divan-ı Lügati't-Türk" adlı eserdir. Kaşgarlı Mahmut'un Araplara Türkçe öğretmek amacıyla 1072 yılında başlayıp 1074 yılında tamamladığı "Divan-ı Lûgati't-Türk" (Türk Dilleri Sözlüğü) adlı eseri, 7 bin 500 sözcük içerir. Eserde çeşitli Türk boylarının lehçelerinden örnekler verilmiştir. Türklerin yaşadığı coğrafya, ekonomik ve sosyal hayatlarına ve inançlarına ait bilgiler içeren eser, Türkçe-Arapça Ansiklopedik bir sözlüktür.

Günümüzdeki anlamıyla ilk Türkçe sözlük ise Şemsettin Sami tarafından yazılan "Kamus-ı Türki"dir.

İLK YAPAY UYDU

Yapay uydular, insanlar tarafından geliştirilerek Dünya'nın ve başka gezegenlerin yörüngesine yerleştirilen mekanik sistemlerdir. Dünyanın çevresine yapay bir uydu yerleştirilebileceği fikri ilk defa Amerikalı yazar Edward E. Hale'in The Brick Moon adlı hikâyesinde gündeme geldi.

Dünyanın Sputnik 1 adlı ilk yapma uydusu, Sovyetler Birliği tarafından 4 Ekim 1957'de dünya yörüngesine oturtuldu. ABD, 1958 Ocak ayında Exploner 1 ve Mart ayında Vanguard 1 uydularını fırlatarak yarışa katıldı. Daha sonraki yıllarda Dünya çevresine irili ufaklı, kısa veya uzun süre görev yapan yüzlerce uydu fırlatılıp yörüngeye yerleştirildi.

Türkiye'nin ilk yapay uydusu, Turksat 1A'dır. 24 Ocak 1994 tarihinde uzaya fırlatılan Türksat 1A uydusu, 12 dakika sonra infilak etti. Bu ilk uydu, Fransızlara yaptırılmıştır. Türksat 1B uydusu 1994 yılı içinde gönderilmiştir. 1996 yılında Türksat 1C, 2001 yılında da Türksat 2A uzaya fırlatılmıştır. Türksat A.Ş. ile Fransız iletişim şirketi Thales Alenia Space arasında imzalanan sözleşme ile 13 Haziran 2008 tarihinde Türksat 3A uydusu, Fransız Guyanası'ndan fırlatılmıştır.

İLK ÜNİVERSİTE

Türkiye'de, ilk defa 1845 yılında medrese dışında bir yükseköğretim kumrunun açılması gündeme geldi. Geçici Maarif Meclisi, 1846 yılında yüksek okul düzeyinde eğitim verecek olan Darülfünun'un kurulmasını kararlaştırdı. Bu eğitim kurumunda Müslüman ve gayri Müslim çocukların birlikte modern bir üniversite öğrenimi görmeleri amaçlanmıştı.

Yurdumuzda açılan ilk üniversite, 14 Ocak 1863 günü öğretime başlayan Osmanlı Darülfünunu'dur. İstanbul'da Ayasofya dolaylarında ünlü İtalyan mimarı Fosatti'nin yaptığı bu yapı, üç kat ve 25 odalıydı. Bu yapı, 1933 yılında yandı.

Türkiye'de Batılı anlamda ilk üniversite, Maarif Nazırı Saffet Paşa'nın uğraşı ile 1870 yılında Sultanahmet Türbesi yanında açıldı. Sınavla alınan 450 öğrenciyle öğretime başlayan bu yüksek okulun başına da "rektör" olarak Yanyalı Hoca Tahsin Efendi getirildi. Öğretim üyeleri tarafından fizik, kimya, tabiî ilimler ve coğrafya konuları üzerine dersler verilen Darülfünun'un ömrü uzun olmadı. Tahsin Hoca'nın, bir güvercini fanusun içine koyarak, "havasız yerde canlıların yaşayamayacağını" kanıtlamaya çalışması ve Cemalettin Afganî'nin "Peygamberlik bir sanattır" şeklindeki konuşması, onların dinsizlikle suçlanmasına neden oldu. Medreselilerin de etkisiyle Darülfünun, 1871 yılında kapatıldı.

1900 yılında II. Abdülhamid döneminde Darülfünun-u Şahane adıyla yeniden açılan Darülfünun, 1933'te kapatıldı ve yerine günümüzdeki İstanbul Üniversitesi açıldı.

İLK VAKIF

Vakıf, bir mülkü halkın menfaatine ebedi olarak tahsis etmek demektir. Vakıf, veren ile alan arasında bir köprü vazifesi görür. Vakıf hem dini, hem de insani bir müessesedir.

İslâmiyet'te ilk vakıf, Hz. Peygamber zamanında Medine'de başlamıştır. Hz. Peygamber, 625 yılında Medine'de kendisine ait yedi hurma bahçesini vakfedip hâsılatını İslam'ın müdafaasını gerektirecek hadiselere tahsis etmiştir. Fedek Hurmalığı'nı da yiyecek ve içeceği tükenmiş yolculara tahsis etmiştir.

İslam devletlerinde camiler, medreseler, diğer hayır müesseseleri artınca bunların devamı için vakıflar tahsis edilmiştir.

Türkiye'de ilk vakıf senedi, 1048 yılında Erzurum Pasinler'de Halil İbani tarafından yazılmıştır. Osmanlılar zamanında Orhan Bey, Bursa'da yaptırdığı cami ve zaviye evkafının nezaretini Sinan Paşa'ya tevcih etti. Osmanlılar döneminde vakıflar giderek yaygınlaştı ve Osmanlılar bir vakıf medeniyeti oluşturdu.

İLK DAMGA VERGİSİ

Bir şeyin üzerine nişan ve alamet olmak üzere vurulan mühür veya işarete damga denir. Üzerine damga vurulan değerli kâğıtlardan da damga vergisi denilen vergi alınır.

Türk tarihinde ilk damga vergisi, ilk defa Musa Safvetî Paşa'nın Maliye Nazırlığı döneminde, 1845 Eylülünde "varaka-i sahiha" denilen damgalı kâğıtların çıkarılmasıyla başlamıştır. İspanya baştercümanının oğlu Telmas tarafından verilen lâyiha üzerine devlete gelir temin edeceği anlaşılması dolayısıyla "Meclis-i Ziraati"in tasvibi, "Meclisi-i Vâlâ"nın tensibi ile damgalı kâğıt basılmıştır.

1873 yılında uygulanmaya başlanan Damga Nizamnamesi ile damgalı kâğıtlar kaldırılmış ve onun yerine damga pulu kullanılmaya başlanmıştır.

İLK EMLÂK VERGİSİ

Emlak vergisi, vergicilik tarihinde ilk rastlanan vergilerden biridir. Osmanlı Devleti'nde 1856 Islahat Fermanı'ndan sonra bir dizi reform gerçekleştirilirken vergilerin de yeniden düzenlenmesine ihtiyaç duyulmuştu.

İlk emlâk vergisi, 1858-1859 yıllarında alınmaya başlandı. 1275 (1858-1859) yılına kadar uygulanan an cemâatin vergi kaldırılıp emlâk, arazi ve temettü vergilerinin ayrı ayrı alınması kararlaştırıldı.

Yeni vergi sistemi, ilk defa Anadolu'da Bursa, Rumeli'de de Yanya pilot bölgelerinde uygulandı. Diğer bölgelerde de sayımlara başlanmış, gelir getiren binalardan % 08, getirmeyenlerden % 04 olmak üzere bütün binalar için vergi ödemek mecburiyeti getirilmiştir.

Cumhuriyet döneminde de emlak üzerinden vergi alınmasına devam edildi. Cumhuriyet döneminde Emlak Vergisi, 1972 yılına kadar tahrir (yazım) sistemine göre alınmış, bu tarihte yapılan kanun değişikliği ile beyan sistemine geçilmiştir.

İLK KATMA DEĞER VERGİSİ

Katma Değer Vergisi, bir mal veya hizmetin üretiminden veya ithalinden son tüketicisine intikaline kadar geçen her safhayı kapsayan ve her safhada meydana getirilen katma değeri vergilendirmeyi amaçlayan bir vergidir.

Türkiye, KDV ile ilk defa 1957 yılında ilgilenmeye başlamıştır. O tarihte çalışmaları yapılan gider vergisinin hazırlanması esnasında Fransız KDV'si izlenmiş, fakat altyapı sorunu nedeniyle o dönemde KDV uygulamasına geçilememiştir.

1970 yılında Fransız KDV'si Türkçe'ye çevrilmiş ve 1974 yılında KDV Kanun Tasarısı hazırlanmıştır. KDV konusunda araştırma yapmak üzere yurt dışına elemanlar gönderilmiştir. Ülkemizde KDV üzerindeki yoğun tartışmalar ve araştırmalar 1980 yılına kadar sürmüştür. Birkaç defa TBMM gündemine gelen ve reddedilen KDV tasarısı, 3065 sayılı yasa ile 1984 yılında kabul edilerek 1.1.1985 tarihinden itibaren yürürlüğe konmuştur.

İLK SİGARA VERGİSİ

İlk sigara vergisi, "Resm-i Dühan" adıyla Sultan II. Süleyman'ın saltanatı zamanında Bekri Mustafa Paşa tarafından konulmuştur. Nişancı İsmail Paşa'dan sonra 2 Mayıs 1688 tarihinde Sadrazam olan Bekri Mustafa Paşa, o yıllardaki malî buhrana bir çare olmak üzere, Osmanlı tarihinde ilk defa olarak "Resm-i Dühan" adıyla anılan tütün vergisini koymuş ve kaldırılan "Hamr Emaneti"ni yeniden kurarak içki vergisi koymuştur.

Bekri Mustafa Paşa, bir sene, beş ay, yirmi dört gün sadaret makamında bulunmuş, fakat memleketi, içinde bulunduğu buhrandan kurtaramamıştır.

İLK TEMİZLİK VERGİSİ

Yolların temizlik masrafına karşılık olarak halktan alınan vergiye "tanzifat resmi" denirdi.

Türkiye'de ilk temizlik vergisi, İstanbul'da Beyoğlu'nda teşkil olunan ilk belediye dairesiyle başlamış, sonradan memleketin diğer yerlerinde de temizlik vergisi alınmaya başlanmıştır.

Temizlik işini belediyeler üzerine almadan önce halk çöplerini evinde topluyor, sokak sokak küfelerle dolaşanlar, "çöp çıkaran" diye bağırarak ufak bir ücret karşılığında çöpleri alıp denize döküyordu.

Tanzifat vergisi, günümüzde temizlik vergisi adı altında emlâk sahiplerinden alınmaktadır.

İLK VİSKİ

Viski, en pahalı içkilerden biri olup maltlanmış veya maltlanmamış tahıl ispirtosunun meşe fıçılarda en az üç yıl dinlendirilmesiyle elde edilir.

Ülkemizde ilk viski, 1963 yılında satışa çıkarıldı. Genellikle arpadan yapılan viskinin yurdumuzda üretimine, Ankara İçki Fabrikası'nda 1957'den sonra geçildi. İlk viskimiz de, 1963'te "Ankara" markası ile satılmaya başlandı.

İLK YAZ SAATİ UYGULAMASI

Ülkemizde ilk yaz saati uygulaması, 1916 yılında başladı ve 1923 yılına kadar ileri saat uygulamasına devam edildi. Daha sonra ileri saat uygulamasına 1940 yılına kadar ara verildi.

1 Temmuz 1940 günü yürürlüğe giren Bakanlar Kurulu kararıyla yeniden yaz saati uygulaması başladı. Bu yaz saati uygulamasında ilk kez saatler bir saat geri alınmıştı. Bir çeşit elektrik kısıtlaması olan yaz saati uygulaması daha sonraki yıllarda da kısmen uygulanmaya devam edildi.

Yaz saati uygulamasını dünyada ise ilk kez, 1895 yılında gün ışığında böcek toplamaya yeterli zaman bulamayan Yeni Zelandalı böcek bilimci George Vernon Hudson, Wellington Felsefî Topluluğu'na bir bildiri yollayarak önerdi. Avrupa'da uygulamayı ilk yapan ülke ise Birinci Dünya Savaşı sırasında kömür kullanımından tasarruf etmeyi amaçlayan Almanya olmuştu.

İLK YERLİ MALI HAFTASI

Ülkemizde yerli malı kullanımını teşvik edici ilk çalışmalar, 19. yüzyılda başladı. Cumhuriyet döneminde 1923'te İzmir İktisat Kongresi'nde Mustafa Kemal Atatürk, ülkemizin bağımsızlığının korunması için, yerli mallar üretilmesi ve kullanılmasının önemini vurguladı.

1929'da dünyada meydana gelen ekonomik bunalımdan Türkiye'de ciddi anlamda etkilenmişti. Bu durumdan çıkış için dönemin başbakanı İsmet İnönü, yerli malı kullanımının ve tutumlu olmanın önemini anlattığı bir konuşma yaptı. Bundan sonra ülkemizde yerli mallarının kullanılması için kampanyalar düzenlenmeye başlandı.

Ülkemizde yerli malı kullanımını teşvik etmek amacıyla ilk "Yerli Malı Haftası" 4 Nisan 1929 tarihinde kutlandı. 4 Aralık 1929 tarihinde bir kararname yayınlanarak yerli malı kullanımı teşvik edildi. 1946 yılından beri 12-18 Aralık tarihleri arasında kutlanan Yerli Malı Haftası, 1983 yılından itibaren "Tutum, Yatırım ve Türk Malları Haftası" olarak kutlanmaktadır.

"Yerli Malı Yurdun Malı, Herkes Onu Kullanmalı" sloganıyla okullarımızda kutlanan Yerli Malı Haftası, günümüzde küreselleşmenin yaygınlaşması ve teknolojinin gelişmesiyle unutulmaya yüz tutmuştur.

İLK YÜCE DİVAN

Ülkemizde ilk yüce divan, 1876 Kanunu-i Esasisi'ne dayanılarak "Yüce Divan" adıyla müstakil bir mahkeme olarak ortaya çıkmıştır. Bu divan, İtham ve Hüküm daireleri adıyla iki daireden meydana geliyordu. 1924 yılında çıkarılan Teşkilat-ı Esasiye Kanunu, İtham Dairesinin görevini Cumhuriyet Başsavcısına verdiğinden Yüce Divanı sadece Hüküm dairesi olarak tek daire şeklinde düzenlemişti.

1961 ve 1982 Anayasası Yüce Divan adıyla bir mahkeme kurmamış, bu mahkemenin görevini yapmak üzere Anayasa Mahkemesi'ni yetkilendirmiştir.

YÜCE DİVANDA YARGILANAN İLK BAKAN

Cumhuriyet döneminde Yüce Divan'da yargılanan ilk bakan, İhsan Eryavuz'dur. 1924'ten 1928'e kadar Bahriye Vekili olarak görev yapan İhsan Eryavuz, Yavuz Zırhlısı'nın onarımı için havuz alımı sırasında bir Fransız şirketinden rüşvet aldığı iddiasıyla 26 Ocak 1928 tarihinde Yüce Divan'a sevkedildi. İhsan Bey'le birlikte, bakan olmadan önce ortak şirket kurduğu milletvekili Fikret (Onuralp) Bey de Yüce Divan'a gönderildi. Olay, tarihe Yavuz-Havuz Yolsuzluğu olarak geçti.

İhsan Bey, 'görevi kötüye kullanmak' ve 'rüşvet alma girişiminden', iki yıl ağır hapis ve iki yıl memuriyetten men cezasına çarptırılmış; Fikret Bey de dolandırıcılıktan 4 ay hapis, 100 lira ağır para cezasına mahkûm edilmişti. Verilen karar, Yüce Divan'ın Cumhuriyet döneminde verdiği ilk mahkûmiyet kararlarıydı ve "Yavuz-Havuz Davası", daha sonraki dönemlerde benzerlerine rastlayacağımız "bakan mahkûm ettiren" ilk yolsuzluk olayıydı.

Anayasa Mahkemesi'nin kurulmasının ardından ise Yüce Divan olarak görev yapan Yüksek Mahkeme heyetinde ilk yargılanan bakan, eski Ticaret Bakanı Mehmet Baydur oldu. 1964 yılında "Arpa Davası"nda yargılanan Baydur, beraat etti.

YÜCE DİVANDA YARGILANAN İLK BAŞBAKAN

Cumhuriyet tarihinde Yüce Divan'da yargılanan ilk başbakan Mesut Yılmaz oldu. Eski Başbakan Mesut Yılmaz ve eski Devlet Bakanı Güneş Taner, "Türkbank ihalesine fesat karıştırdıkları" iddiasıyla Yüce Divan'a sevk edildi. Yüce Divan'da ilk kez bir "eski başbakanın" da sanık olduğu davanın ilk duruşması, 16 Şubat 2005'te yapıldı.

Yüce Divan, 23 Haziran 2006'da Mesut Yılmaz ve Güneş Taner hakkında açılan davadaki suçu "görevi kötüye kullanma" olarak kabul etti ve Şartla Salıverilme Yasası uyarınca kamu davasının kesin hükme bağlanmasını erteledi.

İLK YÜRÜYEN MERDİVEN

Ülkemizde ilk yürüyen merdiven, 29 Nisan 1964 günü İstanbul'da Sultanhamam ile Bahçekapı arasında bulunan Atalar Mağazası'nda faaliyete geçti. 250.000 liraya mal olan bu yürüyen merdiven, bir gecede monte edildi. Saatlik kapasitesi 5000 kişi olan bu ilk yürüyen merdiven, 5 metre yüksekliğindeki ikinci kata ortalama 10 saniyede müşterileri çıkarabiliyordu. Hizmete girdiği andan itibaren yıllarca halkın ilgi odağı olan yürüyen merdiven, zamanla otellerde, metrolarda, havaalanlarında ve tüm alışveriş merkezlerinde kullanılmaya başlanmıştır.

İlk yürüyen merdiven, 15 Mart 1892'de Jesse W. Reno tarafından New York'ta yapılmış ve ilk patent de 1892'de, Jesse W. Reno tarafından alınmıştı.

İLK ZABITA TEŞKİLATI

Türk tarihinde tespit edilebilen ilk zabıta görevlileri, "yarkan"lardır. Göktürkler döneminde "şad", "tudun" ve"subaşı"lar zabıta hizmetlerinden sorumlu olmuşlar, İslamiyet'in kabulünden sonra kadılar diğer görevlerinin yanında, zabıta görevini de üstlenmişlerdir.

Osmanlı Devleti'nin ilk dönemlerinde Subaşılar güvenlik işlerine bakmakla beraber, belediye zâbıtası hizmetlerini de yürütmüşlerdir. Eskiden zabıta işleri İstanbul'da Yeniçeri Ağalarıyla Kaptanpaşalar, Bostancıbaşılar, taşralarda ise Beylerbeyiler, Sancakbeyleri, Mütesellimler tarafından görülüyordu.

Yurdumuzda ilk zabıta teşkilatı, şehir merkezlerinde düzeni sağlamak amacıyla 1826 tarihinde "İhtisap Nazırlığı" adı altında kurulmuştur. Zaptiye teşkilatı, silahlı bir teşkilat olup Seraskerliğe bağlanmıştı. Tanzimat'tan sonra 1869 tarihli Nizamname ile Zabıta teşkilatı bir düzene sokulmuştur.

Günümüzde şehirlerde cadde ve sokaklardaki düzenin sağlanmasında belediyenin kolluk birimi olarak görev yapan zabıta teşkilatının kuruluş yıldönümü olarak kabul edilen 4 Eylül günü, her yıl, "Zabıta Günü" ve bunu izleyen hafta da, "Zabıta Haftası" olarak kutlanmaktadır.

KAYNAKLAR

* Resimli Tarih Mecmuası
* Sur Aylık Fikir ve Yorum Dergisi
* Yesevî Aylık Sevgi Dergisi
* Yedikıta Aylık Tarih ve Kültür Dergisi
* AFYONCU, Erhan; Sorularla Osmanlı İmparatorluğu, III, 6. Baskı, Yeditepe Yayınevi, İstanbul 2005.
* AFYONCU, Erhan; Sorularla Osmanlı İmparatorluğu, IV, Yeditepe Yayınları, İstanbul 2004
* AFYONCU, Erhan; Sorularla Osmanlı İmparatorluğu, V, Yeditepe Yayınları, İstanbul 2005.
* MÜFTÜOĞLU, Mustafa; Tarihî Gerçekler, Birinici Cilt, Seha Neşriyat, İstanbul 1990.
* MÜFTÜOĞLU, Mustafa, Tarihî Gerçekler, Cilt 2,, Seha Neşriyat, İstanbul 1993
* İbrahim Refik, Tarih Şuuruna Doğru, T.Ö.V. Yayınları, İzmir 1994.
* Tercüman Okul Kültür Ansiklopedisi, Cilt 1-2-3, İstanbul 1989.
* Dünyayı Sarsan 1000 Büyük Olay, Milliyet Yayınları, İstanbul 1985.

* ALKIŞ, Doç. Dr. Neslihan; Anestezi Tarihi, Ankara Üniversitesi Dikimevi Sağlık Hizmetleri Meslek Yüksekokulu Yıllığı, Cilt 1, Sayı 1, 2000, s. 41

* SÜME, Mehmet- Selami ÖZSOY, Osmanlı'dan Günümüze Türkiye'de Bisiklet Sporu, Selçuk Üniversitesi Sosyal Bilimler Enstitüsü Dergisi, 24 / 2010, 345-360 SS.

* ÇAKIR, Serpil; Osmanlı Kadın Hareketi, Metis Yayınları, Kadın Araştırmaları Dizisi - 4, Eylül 1996, İstanbul.

* Türkiye Tarihi, 3, Yayın Yönetmeni: Sina Akşin, Cem Yayınevi,

* PAKALIN, Mehmet Zeki; Osmanlı Tarih Deyimleri ve Terimleri Sözlüğü, C. 1-2-3, Milli Eğitim Bakanlığı yayınları, İstanbul 1993.

* Osmanlı Medeniyeti Tarihi, Editör: E. İhsanoğlu, C. 2, İstanbul 1999.

* Osmanlı Devleti Tarihi, Editör: E. İhsanoğlu, C. 1-2, İstanbul 1999.

* UZUNÇARŞILI, İsmail Hakkı; Osmanlı Devleti'nin Merkez ve Bahriye Teşkilatı, Türk Tarih kurumu Yayınları, Ankara 1988.

* KARAL, Enver Ziya; Osmanlı Tarihi, VIII. Cilt, Türk Tarih Kurumu Yayınları, Ankara 1988.

* KOCATÜRK, Utkan; Atatürk ve Türkiye Cumhuriyeti Kronolojisi, 2. Baskı, Türk Tarih Kurumu Yayınları, Ankara 1988.

* ÇORUK, Ali Şükrü, "Türkiye'nin İlk İşçi Milletvekili Numan Usta", MOSTAR Aylık Kültür ve Aktüalite Dergisi, Sayı: 63, Mayıs 2010, s. 52-56,

* http://www.koc.com.tr/tr-tr/Kurumsal/Tarihce/Pages/Turkiyedeki_Ilkler.aspx

* http://www.hurriyet.com.tr/gundem/16281229.asp

* http://www.radikal.com.tr/haber.php?haberno=131613

* http://www.habervitrini.com/haber/hurriyet-gazetesi-kadin-imama-fetva-bulup-manset-yapti-168008/

*http://www.idealhukuk.com/hukuk/hukuk.asp?mct=duyurudetay&x=duyuru&y=Duyurular&id=5300&tit=Sadullah-Ergin--74--Adalet-Bakani-oldu

* http://www.sabah.com.tr/Turizm/2011/07/11/dunyanin-ilk-alisveris-merkezi

* http://www.msxlabs.org/forum/muzik/287795-turkiyede-bale.html#ixzz1r59rVYr1

* http://www.ebediyyen.biz/genel-kultur-119/turkiyede-atycylyk-sporu-tarihi-16733/

*http://www.merhabahaber.com/haber/7261/Ilk_Turk_fotograf_st udyosu_kapaniyor.html

* http://www.nuveforum.net/875-kriminoloji/25676-kriminolojinin-tarihi/

* http://www.bolsohays.com/yazarmakale-105/anonim-osmanli-fotografciliginda-ermenilerin-rolu.html

* http://dergi.sayistay.gov.tr/icerik/der25m6.pdf

*http://www2.bilka.org.tr/upload/file/Osmanli%20ve%20Cumhuriy et%20Doneminde%20Hakim%20ve%20Savcilik.doc

* http://www.setav.org/ups/dosya/26135.pdf

* http://cikolatam.com/cikolatapedia/22/dunyada-ve-ulkemizde-cikolata/

* http://tolgaacar.com.tr/Eczacilik.pdf

* http://dergiler.ankara.edu.tr/dergiler/37/782/10048.pdf

* http://kitaplar.ankara.edu.tr/dosyalar/pdf/333.pdf

* http://www.hasseyahatdergisi.com/hsd_2/sanat_seramik.html

* http://www.bursadakultur.org/kayakkulubu.htm

* http://www.aksiyon.com.tr/aksiyon/haber-9183-26-haber-dergiciligi-akis-ile-basliyor.html

* http://www.bilisimdergisi.org/s130/pdf/84-89.pdf

*http://tk.kutuphaneci.org.tr/index.php/tk/article/viewFile/930/1859

*http://www.sabah.com.tr/Yazarlar/kadak/2009/05/20/pera_palas in_asansorleri

www.tutkuyayinevi.com

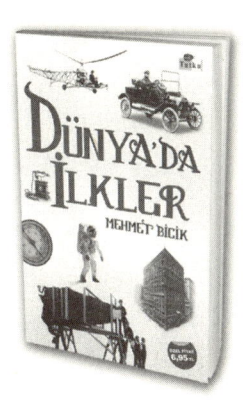

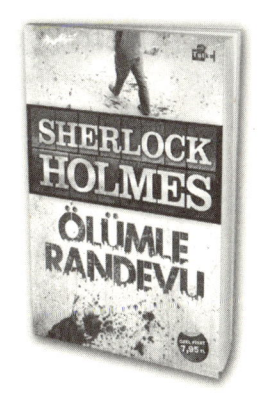

www.tutkuyayinevi.com

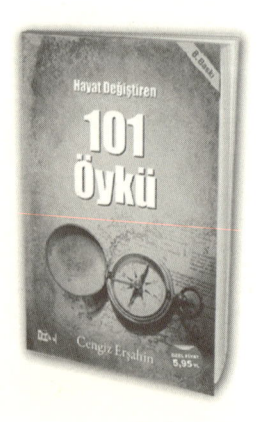

www.tutkuyayinevi.com

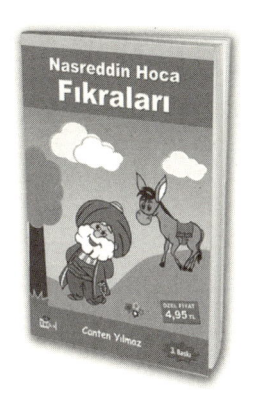

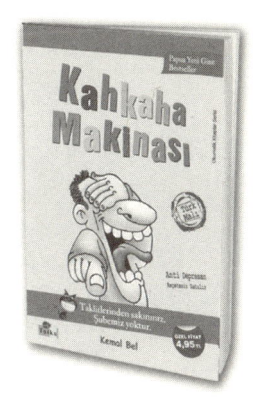

Sevmek Her Şeydir Bahri Apaydın	**Binbir Gece Masalları**	**Sevginin Gücü** Cengiz Erşahin
Başarılı ve Güzel Beden Dili ve Konuşma Sanatı Ö. Faruk Reca	**Başarı Evde Başlar** Davut Can	**Hayata Dair Düşündüren Öyküler** Cengiz Erşahin
Zorluklara Rağmen Başaranlar Ö. Faruk Reca	**Sağlıklı Yaşam Ansiklopedisi**	**Mutluluk ve Yaşama Sanatı** Michel de Montaigne

www.tutkuyayinevi.com

www.tutkuyayinevi.com

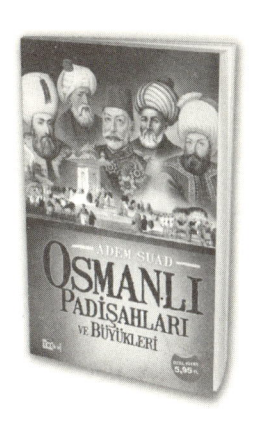

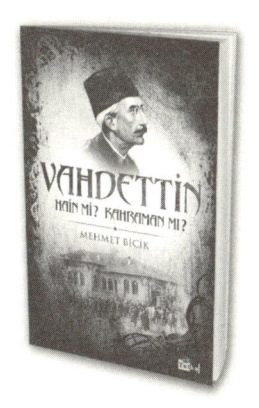

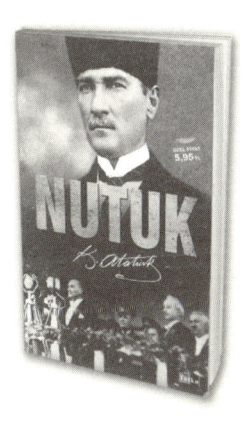

www.tutkuyayinevi.com

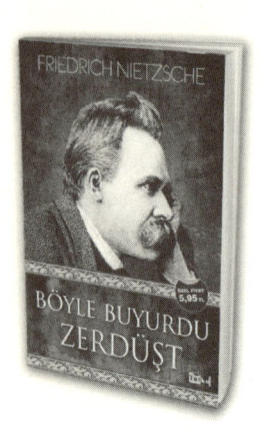

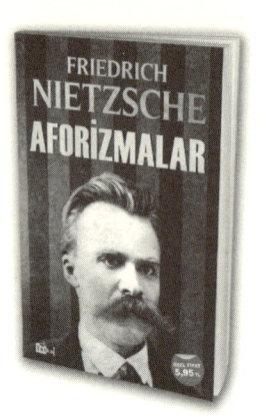

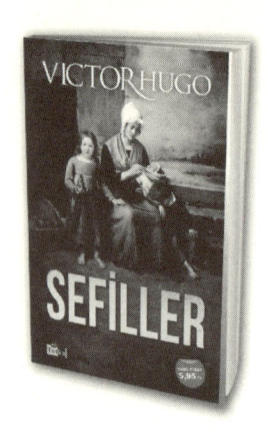

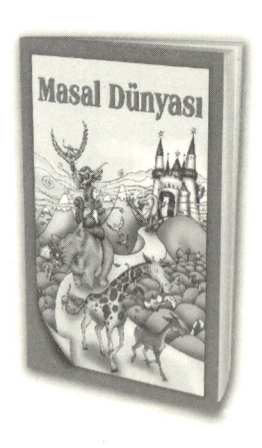

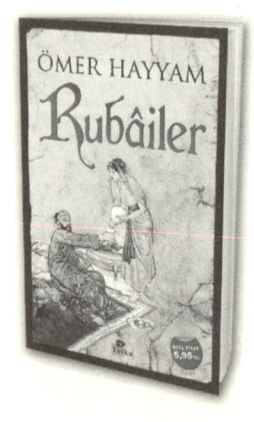

www.tutkuyayinevi.com

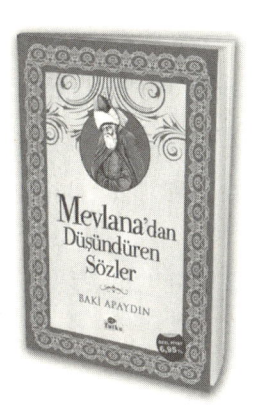

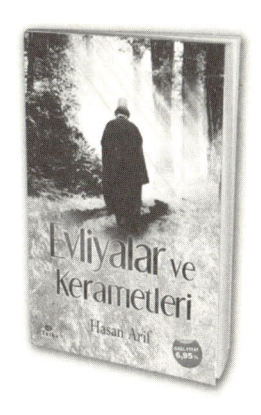

344 sayfa

Özel Baskı ~~15 TL~~ **6,95 TL**

- Ortalama bir bulutun ağırlığı ne kadardır?
- Eskimolar buzdan evlerini nasıl ısıtırlar?
- Elektrik insanı neden çarpar?
- Örümcek ağı gerçekten dünyanın en sağlam maddesi midir?
- Olimpiyatlarda 100 metre yarışını hangi hayvan kazanır?
- Bir insan uyumadan kaç saat durabilir?
- Eyfel Kulesi'nin tepesine çıkabilmek için kaç basamak gerektiğini, biliyor musunuz?
- Kanguruların geri geri yürüyemediklerini biliyor musunuz?
- Hangi balık elektrik üretir biliyor musunuz?
- Denizaltı nasıl batar biliyor musunuz?

352 sayfa

Özel Baskı ~~15 TL~~ **6,95 TL**

- Başkalarının düşüncelerini okuyabilir miyiz?
- Hangi ülke zaman makinası üzerinde çalışmalar yapıyor?
- Yörüngedeki astronotun 1 ayı, dünya üzerinde 10 yıla mı denktir?
- Vücudumuzdaki tüm damarları uç uca eklerseniz 19 bin 200 km eder!
- Aracınızda yakıt tasarrufu mu yapmak istiyorsunuz?
- Beynimizin tamamını neden kullanamıyoruz?
- Piramitler nasıl yapılmıştır?
- Mumyalar tekrar canlanabilir mi?
- Karınca ağırlığının 50 katını kaldırabilir!

Hilal Mah. 626. Cad. No: 16/1 Çankaya/Ankara Tel: (312) 442 73 95 - Faks: (312) 442 73 97

www.tutkuyayinevi.com